Lieblingsgeschichten

Lieblingsgeschichten

**und -gedichte
über Alltägliches
und Außergewöhnliches**

von Edeltraud E. Lipski

mit Illustrationen der Autorin

Impressum

Adresse

Verlag: BoD · Books on Demand GmbH, In de Tarpen 42,
22848 Norderstedt
Druck: Libri Plureos GmbH, Friedensallee 273,
22763 Hamburg

Kontakt

Sie erreichen unseren Kundenservice Mo/Mi/Fr von 09:00–17:00 Uhr und Di/Do von 09:00–12:00 Uhr.

Tel. Zentrale: +49 40 – 53 43 35-0
Tel. Autorenberatung: +49 40 – 53 43 35-11
Tel. Verlagsberatung: +49 40 – 53 43 35-18
info@bod.de
www.bod.de
Geschäftsführung: Dr. Marko Kuck, Jörg Paul, Alyna Wnukowsky
Redaktion: Iris Kirberg
Programmierung: ISA GmbH, Tania Frevert, Weikatec GmbH, Books on Demand GmbH

Mitglied im Börsenverein des Deutschen Buchhandels e.V.
Verkehrsnummer: 11 507
Teilnehmer am BAG-Abrechnungsverfahren
Umsatzsteuer-ID-Nummer: DE 212971392
Handelsregister: Amtsgericht Kiel HRB 4551 NO

Die Europäische Kommission stellt unter http://ec.europa.eu/consumers/odr/ eine Plattform zur Online-Streitbeilegung (OS) bereit. Die Books on Demand GmbH ist jedoch nicht verpflichtet und nicht bereit, an Streitbeilegungsverfahren vor einer Verbraucherschlichtungsstelle teilzunehmen.

Bankverbindung

Deutschland:
Commerzbank AG Deutschland
BIC/SWIFT: COBADEFFXXX
IBAN DE39 2004 0000 0630 2558 00

Schweiz:
Credit Suisse Zürich
Clearing 4835
IBAN: CH0404835059626371000
Swift CRESCHZZ80A

ISBN: 978-3-7693-1224-9

Inhalt

Glück

Im Internet bei Wikipedia finde ich:

„Glück ist ein mehrdeutiger Begriff, der momentane oder auch anhaltende positive Empfindungen (Glücksgefühle) einschließt, die von stiller bis zu überschießender Art sein können..."

Glück ist so etwas Großes und manchmal auch so etwas Kleines! Glück kann uns jeden Tag und überall begegnen. Meist kommt es nicht mit Pauken und Trompeten, sondern eher unscheinbar, wie zufällig, jedenfalls nicht auf Bestellung. Und oft wissen wir erst im Nachhinein, welch ein Glück wir erleben durften.

Es gibt Sprichwörter über Glück, die man ernst nehmen oder über die man sich amüsieren kann. Viele schlaue Berühmtheiten haben sich darüber ausgelassen. Glücksforscher suchen und finden Antworten. Aber auch die Menschen um uns herum haben ihre eigenen Vorstellungen, wenn man sie danach fragt. Für die einen sind Kinder das größte Glück. Für die anderen ist es Glück, wenn unerwartet etwas Positives geschieht. Manche haben erfahren, dass aus Zufriedenheit großes Glück entstehen kann, oder aus vielen kleinen Momenten des Glücklichseins. Glück kann auch daraus entstehen, sich so intensiv mit einer (geliebten) Sache zu beschäftigen, dass man alles um sich herum vergisst.

Das Wichtigste aber scheint mir, dass Glück dann die größte Chance hat, bei uns anzukommen, wenn wir willens und bereit sind, es zu sehen und zu wollen.

Was ist Glück?

Was ist Glück?
Ich lehne mich zurück,
schau in die klare Winternacht,
berührt von ihrer Sternenpracht
und des Alls Unendlichkeit.
Wie unwichtig sind Zank und Streit
der Menschen hier um mich herum!
Wie engstirnig, wie klein und dumm!
Befreiend ist der Sternenblick.
Ist das Glück?

Seh' des Mondes roten Schein,
aufgehend am Firmament.
Voll Sehnsucht will mein Herz nun sein.
Und an einen Baum gelehnt
nehm' ich das Bildnis in mich auf,
steh' still und ganz im Augenblick,
lass auch den Tränen ihren Lauf.
Ist das Glück?

Spür deine Wärme neben mir.
Wend' meine Augen hin zu dir.
Seh' der Liebe helles Funkeln.
Schließ' die Augen, denn im Dunkeln
kann ich dich noch besser sehen,
vertrau'nsvoll unsere Wege gehen,
mit Dankbarkeit im Blick zurück.
Ist das Glück?

Seh' dich, kleines Menschenkind.
Du fragst nach allem was du siehst,
und wie weit die Sterne sind
und wohin das Wasser fließt,
ob man Streit mit Waffen löst?
Nie du deine Zeit verdöst.
Ich gehe gern mit dir ein Stück.
Ist das Glück?

Ich glaube, Glück ist überall,
mal nah, mal fern. Auf jeden Fall
abhängig davon, dass du's erkennst,
es bei seinem Namen nennst
in großen und in kleinen Dingen.
Und so kann Folgendes gelingen:
nicht wartend auf das große Glück
genießt du oft ein kleines Stück.

Glückerleben

Heute war wieder einmal einer dieser Tage, an denen nichts funktionierte wie es sollte, ein Tag, an dem man getrost auch im Bett hätte bleiben können. Drei Mitarbeiter seines Teams fehlten krankheitsbedingt, für zweieinhalb Stunden war die gesamte EDV aus irgendwelchen Gründen ausgefallen und zudem stand ein Projekt, für das er sich sehr engagiert hatte, aus Kostengründen auf der Kippe.

Ziemlich frustriert und genervt kam er nach der Arbeit zu Hause an und hörte schon beim Öffnen der Haustür eine dieser endlosen Diskussionen zwischen seiner Frau und dem 16-jährigen Sohn, der wieder einmal auf einem seiner in letzter Zeit sehr häufigen Selbstbehauptungstrips war.

An einem Tag wie heute aber brauchte er nichts dringender als Ruhe.

Die beiden hatten seine Anwesenheit noch nicht bemerkt. Und so stellte er nur kurz seine Tasche ab, nahm Smartphone und Hausschlüssel und wandte sich Richtung Wald. Bewegung würde guttun. Mit langen Schritten kam er schnell vorwärts. Gebremst wurde er durch eine große Gruppe Touristen, die sich auf einer geführten abendlichen Waldwanderung befanden.

Das passte ja wieder! Verärgert drehte er um.

Zu Hause war die Diskussion offensichtlich beendet. Aus dem Zimmer des Sohnes dröhnte Musik und auf dem Küchentisch lag ein Zettel: „Bin bei Sabine. Kann etwas später werden. Freue mich auf dich." Ein Herzchen hatte sie auch noch dazu gemalt. Er kannte solche Nachrichten seiner Frau schon und es war für ihn vollkommen in Ordnung so. Heute allerdings wäre er seinen Frust gerne sofort losgeworden.

Irgendwas musste noch passieren, denn er wollte den Tag nicht so unerfreulich fortsetzen, wie er bisher verlaufen war. Seinen Sohn brauchte er in der momentanen Situation nicht anzusprechen. Also verkrümelte er sich in seinen sogenannten Hobbyraum im Keller.

Die Drechselmaschine stand schon längere Zeit unbenutzt herum. Ein paar Holzstücke unterschiedlicher Abmessungen warteten auf dem Arbeitstisch auf ihre Verarbeitung. Er nahm jedes einzelne von ihnen in die Hand, betrachtete es von allen Seiten, strich mit den Fingern über bestimmte Stellen und roch daran, um so mit den Hölzern wieder in Kontakt zu kommen. Das Stück Wachholderholz hatte es ihm besonders angetan. Es war in sich verdreht gewachsen und würde, wenn es fertig war, ein interessantes Muster zeigen. Vor seinen Augen entstanden Formen und Gegenstände und er setzte sich, um aufzuzeichnen, wie er dem Holzstück ein neues Leben geben wollte.

Zufrieden mit seiner Zeichnung brachte er die Drechselmaschine in Schwung und setzte sich zurecht. Es sollte ein besonders schöner Kerzenhalter werden. Noch einmal prüfte er, wo er am besten ansetzen sollte und veranlasste die Maschine, ihre Arbeit zu tun.

Zuerst lief alles nach Plan. Doch plötzlich war da ein Ast im Weg, den er vorher gar nicht bemerkt hatte. Wenn er seine Maschine da drüber schickte, würde eine äußerst unschöne Stelle entstehen, die den ganzen Kerzenhalter versauen könnte, denn oft wurde so ein Ast später trocken und brüchig. Und wenn er Pech hatte, würde sogar ein Stück aus dem Kerzenhalter herausbrechen.

Er stoppte die Maschine.

„Das passt ja wieder zu diesem ganzen Tag!", beklagte sich eine Stimme in seinem Innern. Aber eine andere Stimme flüsterte ihm ein, sich das Holzstück nochmal genau anzusehen, wie schön und besonders es doch mit oder sogar durch den Ast wurde. Er fuhr mit dem Daumen über die dunkle Aststelle und spürte die raue Oberfläche. Gedankenverloren schnupperte er daran und meinte feststellen zu können, dass dieser Teil des Wachholderholzes anders roch als das übrige. Er setzte es wieder an die Maschine und wie von selbst arbeitete diese um den Ast herum, einmal oben drüber und einmal darunter. Nein, das konnte kein Kerzenhalter mehr werden. Aber was sonst? Er

14

versuchte, sich in das Holz hineinzuversetzen. Wie *wollte* es bearbeitet werden?

Plötzlich hatte er das Gefühl, dass nicht er über das Material, sondern das Material über ihn bestimmte, bzw. darüber, wie und wo er seine Maschine ansetzte, wie er das Holz hielt und drehte. Und er ließ es zu, ließ es gerne zu, ließ sich lenken und leiten, bis sein Gefühl – oder das Holz? – ihm sagte, dass es nun gut sei. Er schaltete die Maschine aus, nahm feines Schmirgelpapier und rieb das ganze Stück damit ab, bis es sich angenehm und glatt in seine Hand schmiegte. Mit einem weichen Lappen entfernte er den noch verbliebenen Holzstaub und hielt schließlich etwas in den Händen, das ihn in Erstaunen versetzte.

Es war eine wunderbare kleine Statue geworden, so perfekt, dass er beim Betrachten einen Kloß im Hals wahrnahm. Das war ihm bisher noch nie passiert. Fast zärtlich strich er mit der Hand über die Figur, fuhr mit den Fingern den Konturen nach und spürte ein besonderes Gefühl in sich aufsteigen. Glück. Es war das reine Glück. Einfach so, an diesem eher unglücklichen Tag war es über ihn gekommen, wie ein Geschenk, wie ein sehr wertvolles, ein wunderbares Geschenk.

Als seine Frau später nach Hause kam und nach ihm suchte, fand sie ihn im Keller vor seiner Drechselmaschine schlafend vor. Der ganze Raum roch nach Holz. Sein Kopf war ihm auf die Brust gesunken. Er atmete ruhig und hatte ein Lächeln auf den Lippen. Sie betrachtete ihn eine lange Zeit, bis ihr bewusstwurde, dass sie selbst lächelte. Seine Hände lagen im Schoß und hielten eine kleine Statue. Neugierig näherte sie sich, um sich die Statue genauer anzusehen. Da erwachte er, sah sie an, stellte die kleine Statue vorsichtig auf die Drechselbank und zog sie zu sich, um sie in die Arme zu nehmen. Eine ganze Weile saßen sie so da, und dann erzählte er ihr, was ihm heute Abend passiert war.

„Du hast das Glück erlebt, weil du es zugelassen hast.", sagte sie leise zu ihm.

Glück

Die Erde spüren
und die Weite
des Himmels berühren
und die Saite
der Seele streifen,
zum Klingen bringen,
Gedanken schweifen
lassen, das Singen
im Herzen vernehmen,
alles vereinen,
der Tränen nicht schämen,
mit sich im Reinen,
den Blick stets weit
mit wachem Geist,
für alles bereit.
Das alles heißt:
Leben pur,
Stück für Stück,
Liebe nur.

Glück.

Die Sache mit dem Glück

Über Glück gibt es ja so manches bekannte Sprichwort. „Jeder ist seines Glückes Schmied." zum Beispiel. Alles klar, denkt man.

Aber was ist, wenn der Stiel meines Schmiedehammers bricht, der Amboss mir auf den Fuß fällt oder ein Storch sein Nest auf dem Schornstein gebaut hat und so die Esse nicht mehr zieht? – Bin ich noch immer meines Glückes Schmied? Oder: „Das Glück ist mit den Tüchtigen." – Stimmt das oder arbeiten Tüchtige einfach mehr und ausdauernder daran, ihr Ziel zu erreichen, bzw. „ihr Glück zu machen", so nach dem Motto „jeder zehnte Versuch ein Treffer"? Wenn ich demnach zehn Versuche mache, treffe ich ein einziges Mal, wohingegen ich bei hundert Versuchen schon zehnmal treffe, bei tausend hundertmal, usw. Ist es also das Glück, das bei den Tüchtigen ist? Oder kann man sein Glück mit Mathematik, z.B. einer Formel der Wahrscheinlichkeits-rechnung vorhersagen?

Nehmen wir jetzt mal das Sprichwort „Glück und Glas, wie leicht bricht das!" – Ist das nicht in sich schon etwas Negatives, obwohl Glück doch eines der positivsten Wörter überhaupt ist? Da wird Glück gleichgesetzt mit leicht brechendem Glas. Es wird schon Angst um oder sogar vor dem Glück gemacht, bevor man es überhaupt erlebt. Ist es demnach besser, ohne Glück, sprich glücklos leben, als mit Glück, denn es könnte ja kaputt gehen!? Vielleicht wäre es ein revolutionärer Gedanke, aber könnte man das Sprichwort nicht auch verändern und sagen: „Glück und Glas – ich nutze das!"?

Der Gipfel der Widersprüchlichkeiten aber ist erreicht, wenn man sagt „Glück und Glas, wie leicht bricht das!" und einen Atemzug später „Scherben bringen Glück!" Wenn ich beide Sprichwörter ernst nehme und sie miteinander in Verbindung bringe, dann zerdeppere ich mein Glück, um Glück zu bekommen...?

Was soll das denn? In meinem ganzen Dasein habe ich auch noch nie erlebt, dass Scherben etwas Positives nach sich ziehen; eher das Gegenteil: es ist etwas, vielleicht sogar etwas Wertvolles, zu Bruch gegangen, also kaputt. Ich bin traurig oder ärgerlich, vielleicht auch beides, jedenfalls nicht glücklich. Womöglich habe ich mir durch eine Scherbe eine tiefe Schnittwunde zugezogen. Im schlimmsten Fall hat sie eine Pulsader getroffen und es geht vielleicht sogar um mein Leben. In der Notfallchirurgie wird die Wunde genäht und versorgt. Und mit einem dicken Verband werde ich nach Hause entlassen. Ich kann mir nicht vorstellen, dass mich das sonderlich glücklich machen würde.

Die Sache mit dem Glück scheint also gar nicht so einfach zu sein. Und manchmal kommt es sogar auf winzige Einzelheiten an. „Dem Glücklichen schlägt keine Stunde", sagt man. Wenn ich aber beim ersten Wort m mit n verwechsle, ist das plötzlich etwas ganz anderes. Dann nämlich wird der Glückliche von keiner Stunde geschlagen.

Wie sieht's aber dann mit dem Unglücklichen aus? Bekommt er Schläge? Zu seinem Unglücklichsein dazu? Nur weil ich m und n verwechsle?

Muss ich mich dann schuldig fühlen?

Wenn der Unglückliche aber wegen Liebesdingen unglücklich ist, hat er eigentlich die größte Chance auf Glück. Verrückt?

Nein, tatsächlich nicht. Er muss nur spielen, sofern er dem Sprichwort „Glück im Spiel – Pech in der Liebe" Glauben schenkt. Und wenn er zum Beispiel um Geld gespielt hat, kann er dann sein Glück sogar mit beiden Händen fassen. Sollte er auch noch zu den Menschen gehören, die mit Verstand nicht ganz so reich gesegnet sind, dann wäre er doch gemäß der geflügelten Redewendung „mehr Glück als Verstand", der absolute Glückspilz, oder?

Aber Vorsicht! Sollte er sich in einem Glücksmoment in die Glücksfee verlieben, würde er zwar aufgrund der im Folgenden reichlich fließenden Glückshormone überglücklich und völlig glückstrunken in einem Glückstaumel schweben, aber nicht lange, denn nicht nur; dass das Glück ein unsteter Gast ist, mit dem Glück in der Liebe wäre augenblicklich das Glück im Spiel wieder vorbei.

Und wer weiß, ob sich dann die Glücksfee in eine Pechmarie verwandeln würde? Gäbe es dann wieder einen neuen Ausweg ins Glück?

Vielleicht macht man einen Spaziergang zur nächsten Vieh-weide, um das Glück zu finden, denn „das Glück ist ein Rindvieh und sucht seinesgleichen".

Liebe

„Liebe ist nur ein Wort…"

Ja, wenn man so will, ist Liebe nur ein Wort; ein Wort für etwas, das in seinem Umfang und in seiner Vielfalt kaum zu beschreiben ist.

Nicht umsonst finden wir in der griechischen Sprache sechs eigenständige Worte für verschiedene Arten von Liebe: Eros für die leidenschaftliche, Philia für die freundschaftliche, Storge für die familiäre, Agape für die selbstlose, Pragma für die beständige Liebe und Philautia für die Liebe zu sich selbst.
Jede hat ihren wichtigen Platz im Leben und kein Mensch kann ganz ohne Liebe sein.
Liebe ist der Motor für ein gelungenes Leben.

Und die Liebe zwischen zwei Menschen ist das am meisten besungene und beschriebene Gefühl…

Erste Begegnung

Die Schmetterlinge sind es nicht
und auch nicht Amors Pfeil,
der rosaroten Brille Sicht,
Worte im Detail,
der Komplimente süßer Schmelz,
ein meerestiefer Blick,
der Wolf gehüllt in Schäfchens Pelz,
vermeintlich nahes Glück...

Es ist... ich weiß es nicht zu sagen,
tief in mir wie ein ruhiges Tier,
das kam ganz ohne mich zu fragen.
Nun ist es einfach drin in mir;
lässt das Herz nun schneller schlagen,
bringt Unruhe in meinen Kopf.
Und trotzdem könnte ich nicht sagen,
ich sei verliebt bis unter'n Schopf.

Fragezeichen auf dem Weg,
die Antwort tief verborgen:
Ob ich mich zu dir hinbeweg' -
vielleicht weiß ich es morgen.
Ich will noch ein paar Schritte geh'n
mit dir und deinem Leben.
Dann, denk' ich, werd' ich klarer sehn
und vielleicht Antwort geben.

Beschluss

Wir beschließen, dass es kein Zufall ist,
dass wir uns begegnet sind,
dass du so bist wie du bist
und ich mich fühle wie ein Kind,
das um seiner selbst geliebt, beschenkt,
das nicht an Gegenleistung denkt.

Du und ich …

Läg' ich jetzt in deinem Arm,
schaute dir in dein Gesicht,
wäre alles in mir warm
und es störte mich auch nicht,
wär' die Welt nur grau und trübe
neben und um uns umher.
Wüsste ich doch, was uns bliebe. –
Will ich da noch etwas mehr?

Ist doch unser Glas halbvoll,
immer und bis an den Rand.
Wenn ich über Steine soll,
geh' ich doch an deiner Hand.
Gibst dem Begriff „Vertrau'n" Gestalt,
dem Wort Liebe Inhalt, Sinn.
So bist du und ich bin halt
einfach so wie ich so bin.

Gefühlt

Auf einmal war es da,
das Gefühl in mir, ganz nah.
Hell und wärmend durchlief es mich.
Es war mir so, als berührte ich dich.

Eine, zwei Sekunden nur,
und doch hinterließ es eine Spur
wie eine Brücke über ein Tal,
geländerlos schwankend und sehr schmal.

„Betreten nur auf eig'ne Gefahr",
las ich noch und ganz plötzlich war
es wieder verschwunden, das Gefühl.
Ich fröstelte nun; im Raum war es kühl.

Und draußen wurde es allmählich dunkel.
Nur auf der Wand lag ein kleines Gefunkel.
Des Tages letztes Sonnenlicht
traf auf dem Foto dein Gesicht.

Ein Gedicht für dich

Will gerne ein Gedicht dir schreiben,
von Liebe und von viel Gefühl
und auch vom Zusammenbleiben
und sich aneinander reiben,
gemeinsam in des Lebens Spiel.

Mach lange Stunden mir Gedanken.
Voll Zuneigung denk ich an dich,
lass Lieb' um deinen Namen ranken,
möcht' mich für dich bei dir bedanken.
Doch wenig Worte finden sich.

Worte, die genau das sagen,
was ich tief im Innern spür'.
Will mein Herz dazu befragen
und es immer wieder wagen.
Fühl mich doch so gut mit dir.

Hölzern klingen meine Zeilen,
doch mein Herz ist übervoll.
Deshalb will ich mich beeilen
und an meinen Reimen feilen.
Ja, die Worte sind jetzt toll.

Aber, ach, von mir so weit
sind sie jetzt und ich erbarme
mich und bin bereit,
sie zu streichen; bin es leid.
Nehm' dich einfach in die Arme.

Die Bank

Hand in Hand gingen sie bedächtigen Schrittes den Weg entlang. Kaum ein Wort fiel zwischen ihnen.

Das war auch überhaupt nicht notwendig, kannten sie sich doch weit mehr als ein halbes Jahrhundert. Höhen und Tiefen hatten sie miteinander erlebt, Probleme bewältigt, Neues geschaffen, Werte erhalten, Wissen und Erfahrung weitergegeben... Oftmals brauchten sie keine Worte, um sich zu verstehen. Sie wussten, was der andere wollte und dachte und waren sich bemerkenswert oft einig, besonders in den letzten denkwürdigen Jahren.

Und besonders heute.

Der Weg war ein schmaler Wanderpfad, der sich zwischen Feldern und Wiesen hinzog, in einem dicht bewachsenen Wald verschwand und dahinter wieder auftauchte, um die beiden weiter durch die menschenleere Landschaft zu führen.

Sie mussten jetzt hintereinander gehen.

Aus dem Weg war ein Trampelpfad geworden, der vermutlich nur noch von Tieren benutzt wurde.

Sie ließen sich dadurch nicht beirren und gingen weiter, auch wenn die Schritte allmählich etwas schwerfälliger und langsamer wurden. Das unwegsame Gelände erforderte viel Aufmerksamkeit. Und viel Kraft.

Dennoch gönnten sie sich keine Pause. Mit jedem einzelnen Schritt kamen sie ihrem Ziel näher.

„Es ist nicht mehr weit", sagte er. Sie nickte. „Ja", antwortete sie leise. „Ja, ich weiß."

Und dann waren sie am Ziel.

Fast wären sie vorbeigegangen.

Die vergangenen Jahrzehnte hatten den Holunderstrauch ungehindert wachsen lassen. Die kleine Brombeere daneben war zu einem undurchdringlichen dornigen Gestrüpp geworden.

Vorsichtig bogen sie einige Zweige der beiden Sträucher auseinander, bis sie endlich zum Vorschein kam: ihre Bank.

Ach, es war so unendlich lange her!

Und das sah man ihr an. Jedem Wetter ausgesetzt, hatten die Holzbohlen der Sitzfläche und der Rückenlehne große Risse bekommen. An einigen Stellen fing das Holz darum herum an, wegzumodern. Moos und winzige Pilze hatten sich darin angesiedelt und letztere hatten längst mit der Zersetzung des Eichenholzes begonnen. Auch die groben Beine der Bank zeigten deutliche Verwitterungsspuren. An einem der Beine war sogar schon ein Stück herausgefault. Aber sie war noch fest genug.

Sie besahen sich das Sitzmöbel ganz genau. Besonders die Rückseite der Lehne interessierte sie. Jeder Zentimeter wurde inspiziert – mit den Augen, mit den Händen.

Ihr Zeigefinger hielt an einer Stelle an. Sie blickte auf und sah in seine dunklen Augen.

„Es sind noch immer dieselben Augen wie damals, vor gefühlt hundert Jahren; nur um viele, viele Lachfältchen reicher", dachte sie. Ein feines Lächeln umspielte ihren Mund. Seine Finger berührten die ihren.

Nun lächelte auch er.

Mehr war nicht nötig, um sich zu erinnern. A + B. Arne und Berta. Man konnte es kaum noch entziffern.

Vorsichtig, fast zärtlich, griffen seine Finger nach ihrer Hand. Er führte sie um die Bank herum. Und bevor sie sich setzten, überprüfte er durch ein kurzes kräftiges Rütteln die Standfestigkeit der Bank. Sie erwies sich als erstaunlich stabil.

Sie setzten sich nebeneinander und atmeten tief durch.

Beide. Gleichzeitig.

Das war eines der bemerkenswerten Phänomene ihrer Beziehung, das sich über all die Jahre und die vielen Ereignisse ihres Lebens erhalten hatte. Dieses manchmal schon fast erschreckend gleiche Empfinden von gemeinsam erlebten Situationen... Als wären ihre Gedanken und Gefühle durch ein unsichtbares Band miteinander verbunden.

Jetzt erst bemerkten sie, wieviel Kraft und Anstrengung sie der lange Weg hierher gekostet hatte. Ihre Beine zitterten und sein Herz klopfte noch immer beängstigend schnell.

Aber nun waren sie da.

Hatten den Weg, den sie noch einmal miteinander gehen wollten, geschafft.

Sie rückten ein bisschen dichter aneinander heran, so dass sich ihre Körper spüren konnten: die Wärme des anderen, jede kleinste Bewegung, ja, sogar jeden einzelnen Herz-schlag.

Ihre Blicke wanderten aufmerksam umher.

Manches war gleichgeblieben. Anderes hatte sich verändert. Einige Bäume standen noch da, waren groß und mächtig geworden. Andere waren abgesägt, so dass nur noch der mit Moos und Pilzen bewachsene Stumpf zu sehen war. Und wieder andere hatten wohl einem der Stürme in ihrem Baumleben nicht standhalten können. So lagen sie da und wurden allmählich wieder in den natürlichen Kreislauf von Werden und Vergehen aufgenommen.

Auf der anderen Seite, hinter der Bank, gab es einen Teil des ehemaligen Waldes nicht mehr. Dafür ragten nun sechs Windräder in die Höhe. Zwei davon standen still. Die anderen vier bewegten ihre langen schlanken Flügel in mäßigem Tempo.

An diesem lauen Sommerabend bewegte sich anscheinend

auch in höheren Regionen kaum ein Lüftchen.

Sie wendeten sich wieder nach vorn und waren froh, dass sie zwischen zwei mächtigen Bäumen freie Sicht hatten, über Wiesen und Weiden und bis zum Horizont – wie früher. Es war kaum Weidevieh zu sehen. Nur in einer großen, abgetrennten Koppel grasten ein paar Pferde. Ab und zu schüttelten sie Schweif und Mähne, um die lästigen Mücken zu vertreiben, ließen sich aber nicht wirklich stören.

Sie hatten die Bank bequemer in Erinnerung. Die Verwitterung hatte tiefe Rillen in die Holzbohlen gefräst. Bestimmt würden sie Abdrücke auf Rücken und Oberschenkeln hinterlassen.

Aber was spielte das jetzt noch für eine Rolle?

Müde geworden, sahen sie in das Ende eines schönen Sommertages. Irgendwann sah sie zu ihm auf und er nickte kaum merkbar.

Wieder dieses wortlose Verstehen.

Er kramte die kleine Thermosflasche aus seinem Lederrucksack und stellte sie auf die Bank zwischen ihnen beiden. Dann brachte er zwei Becher zum Vorschein, die er daneben platzierte. Bedächtig schraubte er den Verschluss der Flasche auf und goss nacheinander beide Becher mit einer dampfenden Flüssigkeit halbvoll. Sorgfältig verschloss er die Flasche wieder und verstaute sie im Rucksack.

Dann nahm er beide Becher in die Hände. Einen überreichte er ihr.

Als sie die Blicke hoben, lag auf ihren Gesichtern ein Lächeln, in dem ein ganzes langes und bewegtes Leben Platz hatte. Fast gleichzeitig tranken sie den Becher aus, die Blicke fest ineinander verschmolzen.

Zufrieden nickend übergab sie ihm den leeren Becher.

Zufrieden nickend stellte er ihn in den eigenen und ließ beide in den Rucksack gleiten.

Bevor er diesen verschloss und neben sich auf die Bank stellte, zog er noch eine Wolldecke daraus hervor.

Bald würde es kühl werden.

Ganz dicht rückten sie auf ihrer Bank aneinander und hüllten sich in die Decke. Er hatte den Arm um sie gelegt und sie lehnte den Kopf an seine Schulter.

„Wie früher", dachte sie und spürte eine große Wärme in ihrem Innern aufsteigen. „Wie früher", dachte er und die Wärme, die sich in ihm ausbreitete, machte seine Augen feucht.

Nun war alles gut... alles... gut...

Menschengeschichten

Einfaches und Kompliziertes, Tragisches und Fröhliches, Besinnliches und Leichtes...

Geschichten, die das Leben schrieb oder hätte schreiben können, im ganz normalen Alltag, in schwierigen und besonderen Situationen, mal beteiligt oder betroffen und mal beobachtend oder empathisch mitfühlend –

Geschichten von Menschen – Menschengeschichten.

Aufbruch

Endlich wollte sie es wagen,
wollte raus aus dem Korsett,
Antwort auf so viele Fragen
finden und nicht immer nett
und angepasst und leise sein,
lauthals schreien, lieben, hassen,
leben lustig wie ein Narr,
wollte ihn ausbrechen lassen,
den Vulkan, der in ihr war.
Endlich Ja und nicht mehr Nein!

Und die Lava sollte strömen,
hölleheiß und glühendrot,
alles Alte mit sich nehmen
in den schieren Aschetod;
Platz für Neues damit schaffen,
endlich nur sie selber sein!
Sollten Abgründe auch klaffen,
lieber spräng' sie selbst hinein,
als klein und unsichtbar zu bleiben,
nur bescheiden hintenan
im Strom der Masse mitzutreiben.
Brechen sollte nun der Bann.

Lässt nun alles hinter sich,
was ihr früher wichtig schien.
Ist der Weg auch fürchterlich
schmerzhaft. Doch die Medizin
ist ihr unbeugsamer Wille,

sich nun endlich selbst zu seh'n
und ohne rosarote Brille
ihren eig'nen Weg zu geh'n.

Blackout...

Was mache ich hier?
Wie bin ich hierhergekommen und warum?
Wo will ich hin?
Irgendwo in meinem Kopf sind der Grund und das Ziel abgespeichert. Wenigstens das ist mir klar. Aber ich habe keinen Zugang, kann keinen Pfad aktivieren.
Error!
Ich stelle um auf „Suchen". - Aber was?
Es steigt etwas unaufhaltsam in mir auf, was sich gar nicht gut anfühlt. Es treibt den Puls in die Höhe und veranlasst ein heißes Kribbeln im ganzen Körper. Lärm im Kopf, der zunimmt bis zur Unerträglichkeit. Ein großer schwarzer Kopfschmerz ist die Folge, der sich schwer über die Reste meines Denkvermögens legt. Meine Beine garantieren keinen festen Halt mehr, werden weich wie Pudding. Ich habe das Gefühl, die Hülle, die mein Ich, meine Seele umgibt, besteht aus feinstem Glas, das bei der geringsten Berührung zerspringen und mich dann komplett schutz- und wehrlos machen wird.
In mir eine laute Stimme, die den Lärm in meinem Kopf noch übertönt. „Was ist los mit dir?" schreit sie, und immer wieder „was ist los?"
Panik heißt das Gefühl, das mich jetzt vollkommen im Griff zu haben scheint. Das letzte Restchen Wille sucht nach irgendwelchen verbliebenen Ressourcen.
Irgendwoher kommt ein schwacher Befehl: Bewegung!
Meine Beine aus Pudding versuchen, den Befehl auszuführen. Ein winziger Schritt gelingt. Und noch einer. Bewegung!
Langsam, wie fremdgesteuert, macht mein Körper eine

Vierteldrehung nach rechts und langsam, langsam eine Vierteldrehung nach links. Meine Augen bekommen einen Teil ihrer Wahrnehmungsfähigkeit zurück. Die Verarbeitung im Gehirn gelingt punktuell.

Ein Bild erscheint. Ich erkenne allmählich, wo ich mich befinde. Meine Ohren registrieren Geräusche, eine Stimme, ziemlich nahe. Während meine Augen sich noch bemühen, ein Bild des Besitzers der Stimme zusammenzusetzen, nimmt mein Gehirn Worte wahr. „... helfen? Kann --- ich --- Ihnen --- helfen?"

Wie automatisch bewegt sich mein Kopf hin und her.

„Nein, -- alles -- in -- Ordnung.", höre ich meine eigene Stimme. „Du lügst!", schreit etwas in mir. „Du lügst! Nichts ist in Ordnung! Du weißt nicht, warum du hier bist und was du hier willst!"

Puzzleteile aus Denk- und Erinnerungsvermögen schwirren mir im Kopf durcheinander. Mühsam, sehr mühsam kommt etwas Schlüssiges zustande. Ziel und Zweck tauchen aus einem dicken Nebel auf. Ganz vorsichtig beginne ich eine Ortung und versuche, meine Puddingbeine in Bewegung zu setzen. Ich fühle mich extrem zerbrechlich. Es erscheint mir gefährlich, mich zu bewegen.

„Du musst!", sagt eine feste innere Stimme. „Du musst! Es gibt keine Alternative." Mein Denkvermögen ist noch immer im absoluten Sparmodus. Eher unwillkürlich passiert der erste Schritt... der zweite... Ein schemenhaftes Zielbild und die grobe Richtung dazu entwickeln sich. Ich komme tatsächlich vorwärts.

Meine gläserne Hülle zerspringt nicht.

Die Schatten um mich herum bekommen nun Gesichter, fremd, weit entfernt und ausdruckslos. Beängstigend schnell bewegen sie sich um mich. Ich suche nach Augen, an denen sich meine festhalten können. Für einen winzigen Augenblick gelingt dies. Doch bevor ich Hoffnung schöpfe, bin ich schon wieder weit entfernt.

Dennoch geschieht etwas seit diesem Augenblick:

Der Pudding verlässt meine Beine, ich fühle mich weniger zerbrechlich, der dicke Nebel hebt sich und es gelingt mir, den Lärm im Kopf bis „erträglich" herunterzufahren.

Es fühlt sich an, als tauche ich aus einer grausamen fremden Welt auf.

Pulsierend kommt Leben zurück.

Ich schaue mich um, bin wieder da und setze meinen kurzfristig unterbrochenen Weg fort.

Der Professor

Als der Professor aufwachte, wusste er nicht, warum.
War er eingeschlafen?
Er saß noch an seinem Schreibtisch, vornübergebeugt, das lange Haar völlig wirr über Stirn und Augen. Die ließen sich nur mühsam öffnen, gerade mal einen Spalt weit.
Es war fast völlig dunkel im Raum.
Dabei hätte er schwören können, dass er seine Überlegungen, ob man aus Eis Energie recyceln könnte, noch bei helllichtem Tag zu Papier gebracht hatte. Ebenso wie seine Berechnungen, ob in jedem Haushalt Eis aus der Steckdose hergestellt werden könnte, also ob quasi jeder Haushalt sein eigenes kleines Kraftwerk haben sollte, um so viel Eis zu produzieren, dass der eigene Energiebedarf damit gedeckt werden konnte.
Er suchte seine Aufzeichnungen, die den Beweis enthielten, dass auch Autos mit Eis fahren konnten.
Milchiges Mondlicht floss durch das staubblinde Fensterglas und spiegelte sich in einer Pfütze Cappuccino auf dem Schreibtisch wider.
Wahrscheinlich war er doch eingeschlafen. Und als sein Kopf auf die Schreibtischplatte gesunken war, musste er damit die Tasse mit dem erkalteten Kaffeegetränk umgekippt haben. Sie lag noch da und ein Tropfen der hellbraunen Flüssigkeit hielt sich beharrlich an ihrem Rand fest.
    Nachmittags bekam er immer Cappuccino, eine Tasse Cappuccino und zwei Lollis, die er eine Zeit lang darin schmelzen ließ, bevor er sie in den Mund nahm. Der Geschmack erinnerte ihn an etwas, etwas Angenehmes, Vertrautes.

Aber er wusste nicht, was.

Überhaupt wusste er oft nicht mehr, wohin mit seinen Erinnerungen; oder aber er hatte gar keine. Sie sagten, er habe in den Auspuff vom Auto der Blondhaarfrau mehrere Teebeutel gesteckt und sich wie ein Kind gefreut, als sie beim Anlassen des Motors mit einem lustigen Geräusch herausgeschleudert wurden.

Da hatte er keine Erinnerung.

Sie hatten ihm offensichtlich etwas in die Schuhe schieben wollen, und er war ärgerlich geworden, und man hatte ihn in sein Zimmer gebracht.

Aber es war nicht sein Zimmer gewesen. Früher konnte man durch das Fenster aussteigen, sich durch den Garten schleichen, am Grillplatz mit der erkalteten Holzkohle vorbei und im Schutz der Hecke über die kleine Wiese bis in den Wald laufen. Aber jetzt war da kein Garten, keine Wiese und kein Wald, und das Fenster war viel zu hoch.

Es war nicht sein Zimmer.

Und jeden Tag kamen fremde Menschen zu ihm und behaupteten, ihn zu kennen, ja, sogar mit ihm verwandt zu sein.

Was wollten diese Leute von ihm?

Er suchte seinen Schreibtisch mit den Augen ab, bis er neben dem cappuccinogetränkten, ansonsten grün-weiß gestreiften Stirnband ein halb zerknülltes und mit Formeln und Zeichen übersätes Blatt Papier fand.

Da war es.

Er musste es mitnehmen.

Er hatte seine Hausaufgaben gemacht.

Er tupfte sich etwas Parfüm auf den Hals und hinter die Ohren und stellte es wieder in den Kühlschrank.

Und nun musste er los, um noch vor dem zweiten Klingeln anzukommen.

Er hatte den Beweis einer revolutionären Idee.

50

Er würde viele Punkte dafür bekommen.

Da war es doch völlig egal, dass er im Schlafanzug und mit nackten Füßen aus dem Haus ging und die Straße über- querte, mit cappuccinoverklebtem Haar, in der einen Hand einen Lolli und in der anderen ein vollgekritzeltes Blatt Pa- pier.

Es war doch egal, völlig egal – oder?

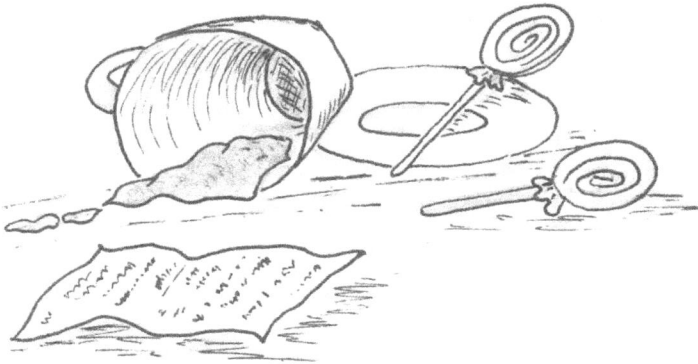

Die verschwundenen Kekse

Er starrte Löcher in die Luft und beobachtete wie von ganz weit weg das Gedankenchaos in seinem Kopf.
Wo sind sie hin?
Er hatte sie so sorgfältig verpackt.
Jedes für sich.
Er konnte sich ganz genau an das Papier erinnern.
Braunes Packpapier war es, wie immer.
Er verpackte alles, was wichtig war, in braunes Packpapier: sein Portemonnaie, sein Sparbuch, das Bild mit der schönen, freundlich und liebevoll lächelnden Frau und noch andere Dinge.
Und natürlich Weihnachten.
Er hatte Weihnachten in braunes Packpapier gewickelt und in den abgewetzten schwarzen Koffer gelegt, sorgfältig und dicht an dicht.
Es war der einzige Koffer, den er je besessen hatte, und er hatte ihn überall hin mitgenommen. Jetzt musste er ihn nirgendwohin mehr mitnehmen, denn er ging ja auch nirgendwo mehr hin. Also konnte er genauso gut Weihnachten da hineinpacken.

Irgendetwas hatte er vorhin gesucht. Etwas, das er in Papier gewickelt hatte. Viel Zeit hatte er damit verbracht. Das ging alles nicht mehr so schnell wie früher. Aber jetzt …
Oh, jetzt wusste er auf einmal wieder, was er suchte! Es waren die Kekse, selbstgemachte Weihnachtskekse! Und er hatte den Teig dafür ausgerollt.
Das hatte er als kleiner Junge auch oft gemacht. Und er hatte jedes Mal sehr darauf geachtet, dass der Teig an allen

Stellen gleich dick war. Da gab es für ihn keine Kompromisse. Stolz wie Oskar war er immer gewesen, wenn er dafür gelobt wurde.

Und nun konnte er sie nicht mehr finden, die Kekse, die er alle einzeln verpackt hatte. Er suchte im Kühlschrank zwischen seinen Kleidungsstücken, im Bücherregal hinter der Butterdose und dem Regenschirm. Er räumte die verstaubten dicken Lexika aus dem Schuhschränkchen und sah auf der Hutablage nach.

Sie blieben verschwunden. Das machte ihn sehr traurig.

Es war nicht wegen der Kekse, sondern mehr deshalb, weil er vergessen hatte, was mit ihnen nach dem Einpacken geschehen war.

Da konnte ihn auch der schöne Schein der Lichterkette nicht trösten, die das kleine Mädchen so hübsch auf das Fensterbrett drapiert hatte und die jetzt bei zunehmender Dunkelheit den Raum in einen warmen Schimmer tauchte.

Er liebte das kleine Mädchen.

Überhaupt liebte er alle Kinder. Stundenlang konnte er ihnen zuschauen und zuhören, sich an ihrer Lebensfreude ergötzen. Bei schönem Wetter lehnte er sich aus dem Fenster, die Unterarme auf ein Kissen gestützt. Wenn es regnete, machte er das Fenster zu und stand hinter der Scheibe; wenn sie laut schreiend, lachend und durcheinanderlaufend aus der Schule strömten.

Manche Kinder sahen zu ihm hoch, winkten oder riefen ihm irgendetwas zu. Dann nickte er und lächelte, auch wenn er gar nicht verstehen konnte, was sie ihm zuriefen. Jedes Winken, jedes Wort, das ihn erreichte, war wie ein Geschenk für ihn. Und er hätte diese Geschenke auch so gerne in braunes Papier gewickelt, wenn es möglich gewesen wäre. Ganz vorsichtig wäre er dabei vorgegangen, um nichts davon zu beschädigen.

54

Wie bei den Keksen.

Wo aber waren die?

Er kramte die Weihnachtsbaumspitze aus dem schwarzen abgewetzten Koffer und ging zur Haustür. Dort nahm er die Nüsse aus seinen roten Stiefeln und legte sie in einer exakten Reihe auf die Fensterbank. Dann ging er nach draußen. Schnell waren seine nackten Füße eiskalt. Aber das war ihm egal.

Ganz geradenwegs ging er auf den großen Baum in der Mitte des Gartens zu. Der Wind zerrte an seinem offenen Hemd, die Hose flatterte um seine dünnen Beine. Ein paar Schneeflocken wirbelten durch die Luft.

Er blieb stehen und schaute den weißen Sternchen hinterher, bis seine Füße vor Kälte schmerzten. Da setzte er seinen Weg fort. Irgendwie hatte er das Gefühl, heute schon einmal hier gewesen zu sein.

Aber er wusste längst, dass er sich auf solche Gefühle nicht verlassen konnte und hielt sich nicht weiter damit auf. Am alten Nussbaum blieb er stehen.

Der Baum glänzte und glitzerte an allen seinen Ästen!

Wie schön das aussah! Wie wunderschön!

Er pflückte sich einen Keks vom Baum, entfernte das Lamettaband und steckte ihn in den Mund.

Corona-Pandemie

Nachdem er aufgestanden war schlurfte er, noch schlafblind und gähnend, ins Bad, um sein Morgenritual abzuspulen.
Zuerst schaute er in den Spiegel.
Bis vor Kurzem noch hatte er sich dabei freundlich zugelächelt und sich einen guten und erfolgreichen Tag gewünscht, einen zweiten Blick nach der Rasur gewagt und festgestellt, dass er – schon lange im Rentenalter – noch immer ein ganz ansehnlicher Typ war: groß, mit geradem Rücken und breiten Schultern, mit einem freundlichen offenen Gesicht, einem manchmal ganz verschmitzten Lächeln und Augen, aus denen der Schalk noch immer nur so blitzte.
Er genoss das gemeinsame Leben mit seiner Frau. Sie und er kannten sich schon seit ihrer Schulzeit und waren bis heute unzertrennlich. Ein Leben ohne den anderen konnten sie sich nicht vorstellen. Er liebte sie von ganzem Herzen und wusste, dass sie gleichermaßen für ihn empfand. Manchmal schrieb er ein Gedicht für sie, ein Liebesgedicht, ehrlich und tief empfunden, mit zarten, anrührenden Worten. Er würde wohl alles für sie tun, im Großen und im Kleinen. Selbst beim Zähneputzen hatte er sich angewöhnt, ins Waschbecken und nicht in den Spiegel zu schauen – wegen der Zahnpastaspritzer.
Vom Badezimmer aus ging er leise zurück ins Schlafzimmer, um seine Frau mit einem Morgenkuss zu wecken. Aus Zuneigung zu ihm und um ihn nicht zu enttäuschen, stellte sie sich manchmal schlafend. Nach seinem Kuss schaute sie ihn dann liebevoll an, um ihn erstaunt zu fragen, ob denn schon wieder Morgen sei und sie einen neuen Tag miteinander erleben durften. Er wusste das durchaus. Aber beide spielten

das Spiel weiter, denn sie spielten es gerne, auch wenn es ihnen in letzter Zeit, wie so Vieles, etwas schwerer fiel.

Nachdem er die Kaffeemaschine in Gang gesetzt und den Tisch für zwei gedeckt hatte, führte ihn sein nächster Gang seit einiger Zeit vor die Haustür, erwartungsvoll, denn alle paar Tage stand eine Tüte mit 4 Brötchen auf der Bank neben der Haustür, manchmal auch unter der Bank.

Heute war das nicht der Fall. Nun gut.

Er würde später noch einmal nachsehen, am Nachmittag, so um 17:00 Uhr. Dann würde er eine größere Papiertasche vorfinden mit Gemüse, Eiern, Käse und Brot darin, vielleicht auch Wurst oder ein paar Süßigkeiten.

Sie nahmen jedes Mal, was sie vorfanden und bereiteten eine Mahlzeit daraus. Es war dann nicht immer das, was sie sich sonst als Abendessen zubereitet hatten, aber es ging schon irgendwie. Not macht ja bekanntlich erfinderisch.

Früher waren sie zweimal pro Woche mit dem Auto in die Stadt gefahren, um ihren Einkaufszettel abzuarbeiten. Das ging jetzt nicht mehr so ohne Weiteres.

Es war Corona-Pandemie und Lockdown und die Angst um die eigene Gesundheit und die der Familie war bei vielen Menschen Dauergast. Das konnte man dann in den Augen sehen, die knapp über dem Rand der Coronamasken lauernd Ausschau nach potentiellen Virenträgern hielten. Augen, die schnell wegschauten, fremd und unnahbar wurden, um Bekannte nicht erkennen zu müssen; um nicht über Dinge wie den durch Hamsterkäufe verursachten Mangel an Toilettenpapier, Öl oder Nudeln lamentieren zu müssen. Oder, was noch schlimmer war, feststellen zu müssen, dass sich bei manchen Bekannten und auch Freunden die Werte verschoben hatten. Die hatten auf einmal recht seltsame

Erklärungen für die derzeitige Situation und wussten ganz
genau über die Verursacher Bescheid.

Aber es gab auch die anderen Augen: die unschuldig-fragen-
den kleiner Kinder oder die suchenden, die Kontakt mit an-

deren Augen aufnehmen wollten und einen aufmunternden
zuversichtlichen Blick oder ein freundliches Lächeln ver-
schenken wollten. In dieser Zeit lernten viele Leute, dass
man mit den Augen lächeln kann, dass Blicke sich berühren
und den Mangel an körperlicher Nähe etwas mildern können.
Unter den Menschen gab es die Ankläger, die nach Schuldi-
gen suchten, die sich in der Ungewissheit verloren fühlten,
haltlos wurden und sich verzweifelt an jeden Strohhalm
klammerten, um ihre eigene innere Ordnung nicht zu verlie-
ren. Andere hingegen entdeckten ihr soziales Engagement
und setzten sich ein. Wieder andere hatten dies aus berufli-
chen Gründen zu tun, gingen bis an ihre körperlichen und
emotionalen Grenzen und darüber hinaus.

Und nachts applaudierten die Isolierten von ihren Balkonen.
Viele Familien, vor allem solche mit Kindern, die aufgrund
der Pandemie zu Hause bleiben und dort betreut werden
mussten, hatten große Probleme, mit der Situation klarzu-
kommen. Das ungewohnt enge Beieinandersein hatte nicht
nur positive Auswirkungen. Es kriselte allenthalben in den

Keimzellen des Staates und nicht selten kam es zu Streit und Gewalt.

Doch davon bekamen er und seine Frau kaum etwas mit. Sie waren schon immer glücklich gewesen, auf dem Land zu wohnen, weitab vom ständigen Trubel der Stadt, von Unruhe und Hast und nicht endender Geschäftigkeit. Und wenn sie irgendetwas brauchten, so stand das Auto bereit. Einmal in die Stadt zum Supermarkt und zum Bäcker und dann wieder zurück. Viel brauchten sie nicht, weder zum Leben, noch zum Glücklichsein.
Aber nun war alles anders.
Dieses Virus war hochgefährlich. Sie hatten sich informiert. Es sprang von einem Menschen zum andern. Sich zu schützen war kaum möglich. Viele und immer mehr Menschen starben daran. Das hörte man jeden Tag im Radio. Und besonders groß war die Gefahr für Menschen, die sowieso nicht ganz gesund waren.
Er hatte schon seit langer Zeit Herz- und Lungenprobleme. Beide Organe wollten nicht mehr so wie in jungen Jahren. Damals hatte er, wie alle seine Freunde, viel geraucht und ein Leben geführt, bei dem man als letztes auf seine Gesundheit achtete. Das war verpönt gewesen. Man wollte schließlich keine Memme und keine Spaßbremse sein.
Das mit dem Herzen war etwas anderes. Er hatte wahrscheinlich schon von Geburt an einen Herzfehler, ohne es zu wissen. Und erst in den letzten Jahren, wo dieser unglaubliche Muskel schon so viel gearbeitet hatte und altersgemäß etwas müder geworden war, machte ihm der Herzfehler zusätzlich zu schaffen. Da konnte und wollte er sich nicht auch noch dem Virus aussetzen. „Bis der ganze Spuk vorbei ist, bleibe ich zu Hause", hatte er sich vorgenommen. Sein Hausarzt und ganz besonders seine Frau hatten ihm dies

auch geraten. Und aus liebevoller Solidarität hatte auch sie sich diese Bürde auferlegt. Na ja, nicht ganz aus purer Liebe und Solidarität, denn schließlich war sie ja auch schon einiges über die Siebzig.

Doch ausgerechnet sie, die immer die Gesundheit an sich verkörpert hatte, ausgerechnet sie schnappte das Virus auf und wurde – vielleicht das erste Mal in ihrem Leben – richtig krank; so krank, dass er schon fürchtete, allein zurückzubleiben, allein durch diese schwierige Zeit gehen zu müssen und auch hinterher, wenn es ein Hinterher geben würde, allein zu sein. Er war dem Himmel und den Ärzten so dankbar, dass seine Frau ihm, wenn auch sehr geschwächt, erhalten blieb. Nun sorgten sie sich beide umeinander und zogen sich noch mehr zurück.

Ihre Tochter bot sich an, sie mit Lebensmitteln zu versorgen und auch sonst alle wichtigen Einkäufe zu übernehmen. Manchmal schaffte sie es noch vor ihrer Tagesschicht als Krankenschwester. Dann fand er die Tüte Brötchen auf der Bank neben der Haustür; manchmal lagen auch ein Stück Käse oder Butter dabei.

An diesen Tagen brauchte er am Nachmittag nicht mehr nach einer größeren Einkaufstasche zu schauen. Wenn die Tochter im Spätdienst eingesetzt war, fehlten zwar die Frühstücksbrötchen, aber zuverlässig fand er dann am Nachmittag die anderen Einkäufe vor.

Seine Tochter bekam er dabei nicht zu Gesicht. „Ansteckungsgefahr!" Sie arbeitete im Krankenhaus und hatte tagtäglich mit kranken Menschen und derzeit mit einer immer schneller wachsenden Zahl an Patienten mit schweren und schwersten Symptomen dieser neuen Erkrankung zu tun.

Das Virus war ja nicht nur gefährlich, sondern in seiner Art und Auswirkung so neu, dass es weder Medikamente, noch eine Impfung dagegen gab. In den Laboren wurde mit Hochdruck geforscht; man kam zu neuen Einsichten und Erkenntnissen. Maßnahmen gegen die Ansteckungsgefahr wurden entwickelt und den Menschen empfohlen oder gar verordnet. Aber wirklich sicher vor einer Erkrankung war niemand. In den Krankenhäusern wurden Schutzanzüge und Masken knapp. Es konnte einfach nicht so viel davon produziert werden, wie gebraucht wurde! Manchmal mussten die Masken über viele Stunden und die Schutzanzüge über mehrere Tage benutzt werden. Viele Pflegekräfte erkrankten. Die Gesunden übernahmen nun auch noch die Arbeit der Fehlenden und gefährdeten sich damit immer mehr. Es war ein Teufelskreis.

Er und seine Frau dachten oft und mit großer Sorge an ihre Tochter, die ihren Beruf zwar mit Liebe und Leidenschaft ausführte, aber doch nicht dauerhaft über ihre eigenen körperlichen und seelischen Grenzen gehen konnte. Auch wegen der kleinen Marie, mit der sie als Alleinerziehende – der Vater der Kleinen war vor zwei Jahren bei einem Unfall ums Leben gekommen – in einer kleinen Wohnung in der Stadt lebte.

Die Eltern auf dem Land in dieser schwierigen Situation mit Nahrungsmitteln und allem, was sonst noch wichtig war, zu versorgen, war nun noch eine zusätzliche Aufgabe. Manchmal versuchte er, sie anzurufen, um sich dafür zu entschuldigen. Aber er bekam sie selten ans Telefon. Wenn Marie mit ihm telefonierte und er sie nach ihrer Mama fragte, hörte er meist: „Mama ist noch bei der Arbeit" oder „Mama ist auf dem Sofa eingeschlafen". Das machte die Sorgen nicht wirklich kleiner.

An diesem Tag fand er auch am Nachmittag weder eine Brötchentüte, noch eine größere Einkaufstasche vor, nicht auf der Bank neben der Haustür und auch nicht darunter.
Das war bis jetzt noch nie vorgekommen.
Voll innerer Unruhe berichtete er seiner Frau davon. Nachdenklich schaute sie ihn an. „Ich fürchte, sie hat sich angesteckt", sagte sie und hätte die Worte am liebsten sofort zurückgenommen und gegen eine harmlose Vermutung wie „vielleicht hat sie es vergessen" oder „wahrscheinlich kommt sie gleich noch" ausgetauscht.
Aber es war zu spät.
Beide waren über das Gesagte erschrocken und entsetzt. Das war es ja, was sie insgeheim schon lange befürchtet hatten! Wenn ihre Tochter ausfiel, was sollte dann werden? Aus ihnen? Aus Marie?
Angst kroch durch den Körper und legte sich um sein Herz. Sie sah es an seinen Augen, hörte seinen Atem schneller werden. Und gegen ihre eigene Angst sagte sie zu ihm: „Das muss ja nicht stimmen. Wahrscheinlich gibt es eine ganz einfache Erklärung. Vielleicht musste sie bei der Arbeit wieder einmal für jemanden einspringen. Wir schauen später noch einmal nach und telefonieren heute Abend." Das sollte

beruhigend wirken, seine Angst etwas lockern, ihn wieder normal atmen lassen. Doch in ihrem Innern rief eine laute Stimme: „Und wenn doch? – Wenn doch?"

Sie versuchten sich abzulenken, sprachen von banalen Alltäglichkeiten oder von der Zeit vor der Pandemie, von ihrer gemeinsamen Schulzeit und von den vielen guten Jahren, die sie miteinander verbracht hatten.

Sie schalteten den Fernseher ein, aber auch schnell wieder aus, weil es auf allen verfügbaren Sendern nur das eine Thema gab. Von draußen drang kein Geräusch zu ihnen, das sie beruhigt hätte; kein Automotor, kein Knirschen von Fahrradreifen auf dem Sandweg, so sehr sie auch die Ohren spitzten und sich die Geräusche herbeiwünschten.

Immer wieder hatte er das Bedürfnis nach frischer Luft und ging vor die Tür, schaute auf die Bank, unter die Bank, ging die paar Schritte auf dem Sandweg bis zur Straße und suchte diese ab, soweit er sehen konnte. Aber da war nichts. Nichts zu sehen und nichts zu hören. Der Briefträger hätte auch schon längst vorbeikommen müssen, wenn er Post für sie gehabt hätte. Aber der Briefkasten war leer. Da lag auch keine schnell auf einem Stück Papier hingekritzelte Nachricht: „kann erst morgen einkaufen" oder so.

Es schien ihm fast so, als wären er und seine Frau an diesem Tag die einzigen Lebewesen weit und breit. Selbst die Vögel waren weder zu sehen, noch zu hören.

Das alles war sehr beängstigend.

Inzwischen kroch die Dämmerung heran und es wurde kalt. Fröstelnd ging er wieder hinein zu seiner Frau. Die hatte den Telefonhörer in der Hand – nicht am Ohr – und ihr Blick verriet nichts Beruhigendes. „Es geht niemand ans Telefon", sagte sie mit belegter Stimme, „auch Marie nicht."

Das hörte sich gar nicht gut an. Er spürte aufs Neue die Enge um sein Herz. „Marie?", fragte er. „Wo ist Marie?" Sie

64

dachten beide an die Nachbarin, in deren Familie sich die Kleine oft aufhielt, wenn ihre Mutter nicht da war. Das war so abgesprochen und auch ganz gut. Das Kind fühlte sich dort wohl und gut aufgehoben.

Aber auch bei der Nachbarin ging keiner ans Telefon.

Die Angst kroch höher. Irgendetwas mussten sie tun. Aber was?

Seitdem sie beschlossen hatten, bis zum Ende der Pandemie zu Hause zu bleiben, hatten sie sich auch immer weniger mit anderen Menschen beschäftigt. Treffen konnte man sich ja nicht mehr ohne Ansteckungsgefahr, auch keinen Besuch mehr empfangen.

So war ihr Leben still geworden. Und auch das Telefon wurde immer weniger benutzt. Selbst ihre Lust am Handarbeiten und seine am Gedichteschreiben waren nicht mehr so wie früher. Sie traf sich nicht mehr mit ihren Strick- und Stickfreundinnen und er hatte sich beim Autorentreffen abgemeldet. Wie auf einer einsamen Insel lebten sie. Der einzige Kontakt zur Außenwelt lief über Fernsehen und Radio und über ihre Tochter, die sie mit Lebensmitteln versorgte.

Und jetzt, wo sie vielleicht Hilfe und Zuspruch von anderen Menschen notwendig hatten, spürten sie schmerzlich, wie sehr sie sich isoliert hatten.

So verdammt allein fühlten sie sich auf einmal!

Sie nahmen sich in die Arme, um sich gegenseitig zu trösten und zu beruhigen. So viele schwierige Situationen in ihrem langen gemeinsamen Leben hatten sie miteinander überstanden und gemeistert, nie den Kopf in den Sand gesteckt. Aber mit einer Situation wie dieser hatten sie keinerlei Erfahrung. Einen Moment lang schauten sie sich hilflos an.

„Ich ruf jetzt mal im Krankenhaus auf ihrer Station an“,

sagte seine Frau und griff entschlossen nach dem Telefon-
hörer. „Das ist gut", meinte er. „Das ist gut."
Sein Herz bebte, als er hörte, wie
das Telefon am anderen Ende
der Leitung klingelte. Es klingelte
und klingelte, aber niemand mel-
dete sich. „Da kann keiner ans
Telefon gehen. Die haben alle
viel zu viel zu tun", sagte sie in
seine aufkommende Verzweif-
lung hinein. „Wir probieren das
gleich nochmal und immer wie-
der, so lange, bis jemand ran-
geht."
Er stand am Fenster und schaute in die Dunkelheit, ohne et-
was wahrzunehmen. Seine Gedanken kreisten unablässig
um die Tochter, die kleine Enkelin und um ihre eigene Isola-
tion und Abhängigkeit. Unterschiedlichste Gefühle überfielen
ihn. Angst mischte sich mit Wut, Verzweiflung und Hilflosig-
keit. Er kam sich vor, als befände er sich in einem viel zu
engen Käfig, aus dem zu entrinnen ihm unmöglich erschien.
Der große kräftige Mann mit dem geraden Rücken stand
ohnmächtig da und ließ zu, dass ihm die Tränen über die
Wangen liefen. Seine Frau saß noch mit dem Telefonhörer in
der Hand auf dem Sofa und betrachtete die Silhouette ihres
Mannes. Sie kannte ihn lange und gut genug, um zu wissen,
was er in seiner so erstaunlich sensiblen Art gerade durch-
machte und dass er alles tat, um sie nicht in sein Gefühls-
chaos mithineinzuziehen. Wenn sie jetzt zu ihm ginge, um
ihn in die Arme zu nehmen, würden alle seine Dämme bre-
chen. Er würde weinen wie ein kleines Kind und sich auch
wie ein solches fühlen, der große starke Mann. Das Bedürf-
nis, ihm das zu ersparen, gab ihr die Kraft, aufzustehen und

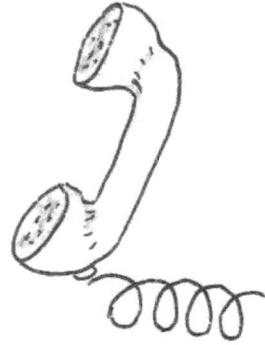

ihm mitzuteilen, dass sie sich jetzt um die Zubereitung des Abendessens kümmern würde. Er nickte nur und blieb im Gegensatz zu sonst, stehen, wo er war.

Dieses verdammte Virus! Schlimm genug, dass es schon so vielen Menschen Sorgen und Leid gebracht hatte – würde es nun auch in die eigene kleine Familie eingreifen? Ihn überkam plötzlich das Gefühl, dass ab jetzt nichts mehr wieder so werden würde, wie es früher war.

Wie aus weiter Ferne vernahm er irgendwann die Stimme seiner Frau, die ihn zum Essen rief.

Beide saßen eine Zeitlang stumm vor ihren Tellern und stocherten lustlos im Essen herum. Sie hatte aus den Resten unterschiedlicher Gemüse einen bunten Eintopf gemacht, sonst ein sehr willkommenes Gericht. Aber heute verspürten sie keinen Appetit. So viele Gedanken kreisten im Kopf! Was war mit ihrer Tochter? Wo war Marie? Er schob den halbvollen Teller von sich und legte den Löffel daneben.

Seine Frau tat es ihm nach. Ihrer beider Hände berührten sich auf dem Tisch. Minutenlang hielten sie sich gegenseitig fest, tauschten wortlos aus, was sie so stark bewegte, versuchten, sich gegenseitig Halt zu geben. Das hatte sie in allen zurückliegenden Krisen immer wieder stark gemacht. In einer solchen Gemeinsamkeit konnte ihnen doch nichts und niemand etwas anhaben! Auch nicht das Virus?

Sie erschraken beide sehr, als das Telefon schrillte. Schmerzend laut durchschnitt der Klingelton die Stille und die Intensität ihrer Gedanken. Beide starrten einen Moment lang auf den Hörer, unfähig, sich zu rühren. Sie löste sich als Erste aus der Erstarrung und schaffte es, sich den Telefonhörer ans Ohr zu halten. Sie meldete sich kaum hörbar. Er konnte die Worte nicht verstehen, die am anderen Ende der Leitung gesprochen wurden. Er sah nur, wie seine Frau blass wurde.

„Danke", sagte sie mit fremder Stimme und legte auf.

„Sie liegt auf Intensiv, wird beatmet." Ihm wurde schwindlig. Es brauste laut in seinem Kopf. Das Herz raste. Er atmete schwer. Er wollte nicht zulassen, dass das Gehörte in seiner ganzen Bedeutung zu ihm durchdrang und wusste doch gleichzeitig, dass es passiert war. Das Virus hatte nun auch ihre Tochter befallen. Ihre Chancen standen schlecht. Jederzeit könnte sie sterben. Sie mussten zu ihr! Jetzt sofort!

Als ob sie seine Gedanken erraten hätte, sagte sie: „Niemand darf die Infizierten besuchen. Es ist zu gefährlich." „Aber wir …", wollte er einwenden. „Nein, auch wir nicht. Niemand. Wir müssen warten."

Er fragte nicht, wie sie so gelassen bleiben konnte in dieser Situation. Er wusste ganz genau, dass sie das nur vorgab, um ihrer beider Angst nicht noch zu steigern. Sie liebten ihre Tochter ohne Ende. Ja, ja, sie hatten auch einen Sohn, acht Jahre älter als die Tochter, ein begeistertes Naturkind. Schon vor vielen Jahren war er nach Kanada ausgewandert, hatte dort seine Lebensgefährtin gefunden und lebte mit ihr irgendwo in der kanadischen Einsamkeit, mit Bären und Wölfen und viel Winter. Ganz selten hatten sie Kontakt mit ihm und noch seltener hatte er sie besucht. Aber die Tochter war geblieben. Und sie war schon immer ein besonderes Kind für sie gewesen: zu allen Menschen freundlich, wenn auch etwas zurückhaltend. Sie hatte schon immer gewusst, was sie wollte, war gescheit und durchsetzungsstark. Ein glänzendes Abitur hatte sie gemacht, dann aber beschlossen, nicht zu studieren, sondern den Beruf der Krankenschwester zu erlernen. Trotz ihrer Situation als Alleinerziehende, hatte sie sich immer wieder fortgebildet. Ihr Traum war es, einen eigenen Krankenpflegedienst zu gründen. Ganz nahe war sie dem Ziel schon gekommen, wollte nur noch zwei, drei Jahre warten, bis Marie älter und verständiger war.

Marie! Wo war Marie? War sie doch bei der Nachbarin? Je-mand musste sich jetzt kümmern!

Wieder und wieder wählte seine Frau die Nummer und end-lich meldete sich die Nachbarin. Ihre Stimme hörte sich an, als hätte sie geweint. Ja, Marie sei bei ihnen und es ginge ihr gut. Nein, nein, es sei kein Problem. Marie könne die nächs-ten Tage bei ihr bleiben, bis man wüsste, was mit ihrer Mutter wäre und wie es weiterging. „Aber", sagte sie dann, „ich habe selbst vier Kinder zu versorgen, jetzt auch noch Marie dazu… Ich kann leider nicht für Sie einkaufen. Ich kann die Kinder nicht allein lassen. Und Sie wissen ja, dass mein Mann derzeit wegen der Beschränkungen nicht von Spanien nach Hause kommen darf …"

Seine Frau zeigte Verständnis, äußerte ihrer beider tiefsten Dank für Maries Bleibemöglichkeit und sagte, sie kämen an-sonsten ganz gut zurecht.

Das war natürlich gelogen. In ein paar Tagen würden die Le-bensmittel ernsthaft knapp werden und beide brauchten demnächst Nachschub bei ihren Medikamenten.

Es war gut, es war sehr gut, dass sie sich zunächst um Marie keine Sorgen machen mussten. Die Nachbarin hatte ein gro-ßes Herz, in dem auch Marie Platz hatte. Aber sie hatte auch deutlich gemacht, dass es sich bei Maries Betreuung nur um eine vorübergehende handeln konnte. Von ein paar Tagen hatte sie gesprochen. Dann musste eine Lösung her, und zwar unabhängig davon, wie es um die Tochter stand.

Ja, das kleine Mädchen war früher, also vor der Pandemie, sehr gerne bei ihnen gewesen, hatte eine große Liebe zur Natur entwickelt. Manche Stunde war sie mit ihrem Groß-va-ter durch Wiesen und Wald gestreift, hatte unzählige Fragen gestellt und von ihm beantwortet bekommen. Jedes Mal brachte sie irgendwelche Schätze von den Ausflügen mit, die sie dann vor der staunenden Großmutter ausbreitete und äußerst fantasievolle Geschichten dazu erzählte. Er erinnerte sich sehr genau daran. Und seine Frau dachte an die Zeiten, in denen Marie ihr und ihrem Mann bei der Gartenarbeit Gesellschaft geleistet hatte. So viel gelernt hatte die Kleine, einfach so, aus purer Freude und Neugier! Manchmal hatte sie schon richtig mit angepackt. Hin und wieder war sie auch über Nacht geblieben. Im Sommer frühstückten sie dann draußen. Das war für sie immer das Größte gewesen.

Sie schauten sich beide an und wussten, dass sie denselben Gedanken hatten: Marie könnte doch bei ihnen wohnen!

„Aber wie soll das gehen?", fragte er. „Wir haben uns schließlich nicht freiwillig zurückgezogen." Seine Frau schaute ihn an und er konnte förmlich sehen, wie es in ihrem Kopf arbeitete. Sie war schon immer eher die Pragmatische, die sich nicht in ein Problem verbiss, sondern schnell nach Lösungsmöglichkeiten suchte. Doch diesmal fiel es ihr schwer. Das Virus und die Gefahr, die von ihm ausging, standen einfach riesengroß im Vordergrund; es gab kein Vorbeikommen. Andererseits war die Not, Marie eine verlässliche Bleibe zu bieten, genauso groß, vor allem, falls ihre Tochter …

Erschrocken hielt sie inne. Nein, daran wollte sie nicht denken! Nicht daran! – Aber wenn doch? …

Hatte sie die Befürchtung laut ausgesprochen? Er sah aus, als wäre er genauso erschrocken, wie sie. „Und wenn doch?", wiederholte er ihren Gedanken laut. „Marie ist unser Enkelkind. Wir tragen doch auch Verantwortung für sie."

Früher wäre es so einfach gewesen. Ganz selbstverständlich hätten sie ihr Zuhause für Marie geöffnet, hätten sogar ihr Leben für sie umgekrempelt. Aber jetzt? Wie sollte das gehen? Die Gefahr lauerte überall! Überall, wo Menschen aufeinander trafen konnten sie sich anstecken. Und ob er eine Infektion mit diesem Virus überleben würde… Er wagte gar nicht, daran zu denken. Alle Menschen warteten auf die rettende Impfung. Aber so schnell ging das nicht. Die bisherigen Versuche und Erkenntnisse waren noch viel zu unsicher.

Sie aber müssten ihren sicheren Zufluchtsort aufgeben, müssten raus und sich den Gefahren aussetzen. Vor allem er. Seine Frau hatte nie einen Führerschein gemacht. Es war nicht notwendig gewesen und sie hatte auch nie Interesse daran gezeigt. Also würde es an ihm sein, sich ins Auto zu setzen…

Was aber, wenn ihn dann das Virus erwischte? Wenn er krank würde und ausfiel? Da war niemand, der die Versorgung seiner Frau und von Marie übernehmen könnte. Sie hatten die Verbindungen abbrechen lassen, ihre Netzwerke zerschnitten. Wie die meisten Menschen hatten sie geglaubt, der ganze Spuk sei in ein paar Wochen, maximal in wenigen Monaten vorbei. Dann, so dachten sie, wäre das Virus wieder verschwunden und sie könnten ihr altes Leben wieder aufnehmen. Wie naiv sie gewesen waren! Nun war es Herbst und die Zahl der Erkrankten nahm täglich zu, anstatt ab. Alle Familien hatten genug eigene Probleme. Und er hätte nicht einmal gewusst, wen er um Hilfe hätte bitten können.

„Vielleicht sollten wir gar nicht so weit denken", meinte seine Frau, die einmal mehr ziemlich genau wusste, was ihm durch den Kopf ging. Und sie hatte recht. Vielleicht wäre die Tochter in ein paar Tagen schon über den Berg. Sie war jung und überstand die Krankheit sicher ganz anders, als zum Beispiel seine Frau. Marie war für ein paar Tage gut untergebracht, und wenn sie sparsam und kreativ mit den noch vorhandenen Lebensmitteln umgingen, kämen sie sicher noch vier, fünf Tage, vielleicht sogar noch eine Woche irgendwie über die Runden.

Gerade, als er erleichtert durchatmen wollte, fiel das laute Schrillen des Telefons wieder über sie her. Er erstarrte vor Schreck. Sein Herz wurde laut und eng. Ihm wurde gleichzeitig heiß und kalt. Wieder hatte seine Frau die Schrecksekunde schneller überwunden als er und streckte die Hand nach dem Telefon aus. Mitten in der Bewegung hielt ihre Hand kurz an, aber das zweite Klingeln ließ sie die Bewegung vollenden. Sie meldete sich nicht, sondern sandte nur ein „Ja?" durch den Hörer. Das Gespräch war noch kürzer als beim letzten Mal. „Unsere Tochter? Sind sie ganz sicher?", hörte er seine Frau in beschwörendem Flüsterton sagen. Dann sagte sie nur noch völlig unbeteiligt ein paar Mal „Ja. Ja.", bevor es am anderen Ende der Leitung stumm wurde. Es ertönte das Leerzeichen, aber sie reagierte nicht. Den Hörer mit der einen Hand umkrampft, schaute sie ihn an, wie sie ihn noch nie angesehen hatte. Er wagte nicht, sich zu bewegen oder die Frage zu stellen, die voller Angst auf seiner Seele brannte. Er konnte nur warten; warten und zusehen, wie sie die Lippen bewegte, aber keinen Ton hervorbrachte. Alles Blut war aus ihrem Gesicht gewichen, übergroß und starr blickten die Augen daraus hervor. Obwohl er sie anschaute, schaffte sie es nicht, seinen Blick zu finden. „Wie sage ich es ihm?", fragte eine ihrer inneren Stimmen. „Es wird ihn umbringen." „Sei bei mir!", schrie die andere Stimme in ihr. „Ich brauche dich jetzt!" Er wagte einen kleinen Schritt in ihre Richtung. Und noch einen. Längst wusste er, welche Nachricht sie ihm überbringen musste. „Sie konnten nichts mehr für sie tun", hörte er sie mit kaum vernehmbarer rauer Stimme sagen. „Sie konnten nichts mehr für sie tun!", rief sie laut in den Raum. Dann sah sie ihn an und schrie: „Sie konnten nichts mehr für sie tun!! Sie konnten nichts mehr für sie tun!" und brach in lautes Weinen aus. Er fing sie auf, als sie auf ihn zu wankte. So hatte er sie noch nie erlebt.

Lange hielt er sie in seinen Armen, bevor er sie vorsichtig aufs Sofa bettete. Er konnte nichts anderes tun, als ihre Hand zu halten und sie zu streicheln, bis sie endlich, endlich erschöpft einschlief.

Während ihm selbst die Tränen über die Wangen liefen fühlte er etwas Großes in sich aufsteigen. Es war ein ganzes Meer an Wärme und Verbundenheit, das ihn überkam. Diese Frau war ein Teil von ihm, ein Teil seines ganzen langen Lebens. Er litt mit ihr, wenn sie Schmerz und Leid fühlte und spürte Freude und Glück, wenn es ihr gut ging. Jetzt aber kam etwas Großes hinzu: sie brauchte ihn, wie sie ihn noch nie gebraucht hatte! Und er war bereit. Er spürte eine unendliche Kraft in sich und gleichzeitig eine vollkommene Klarheit in seinen Gedanken. Sorgsam hüllte er sie in die Wolldecke ein, die auf dem Sofa lag und stand vorsichtig auf.

Er wusste, was jetzt zu tun war.

Zunächst rief er beim Krankenhaus an, um zu regeln, was noch zu regeln war. Dann meldete er sich bei der Nachbarin, um ihr die grausame Nachricht mitzuteilen. Er vereinbarte mit ihr, dass er Marie morgen Vormittag abholen würde.

Für das letzte und schwierigste Gespräch suchte er die Nummer seines Sohnes heraus. Sehr lange hatte er nicht mehr mit ihm telefoniert. Ein Blick auf die Uhr sagte ihm, dass es dort gerade kurz nach Mittag sein müsste. Inständig hoffte er, dass er den Sohn um diese Zeit zu Hause antreffen würde, denn bei seinen Forschungsaufgaben in den Weiten der kanadischen Wildnis war er kaum erreichbar. Er hatte Glück und schnell hörte er die tiefe Stimme des Sohnes ein gutgelauntes „Hello!" ins Telefon rufen. Kurz spürte er den ganzen Schmerz, den die Nachricht auslösen würde. Aber dann machte er sich innerlich gerade und schaffte es, das Unsagbare auszusprechen.

Lange war es still am anderen Ende der Leitung. Nur langsam kam dort an, was mit der kleinen Schwester geschehen war.

Es wurde ein langes Gespräch. Die Männer versuchten, sich gegenseitig zu trösten und zu stützen. Dann fragte der Sohn nach Marie. „Ich hole sie morgen zu uns. Wir sind ihre Großeltern.", sagte er. Beide wussten aber schon in diesem Augenblick, dass dies keine Lösung für immer war. Er und seine Frau waren deutlich über die Siebzig und konnten einem Kind keinen wirklichen Elternersatz bieten. Aber erstmal war es das Beste, was sie tun konnten. Im Leben des Sohnes und seiner Partnerin würde sich in den nächsten Jahren auch Einiges ändern, erfuhr er im weiteren Verlauf des Gesprächs. Das Forschungsprojekt, an dem die beiden arbeiteten, war in einigen Monaten abgeschlossen und beide hatten den Wunsch, eine Zeit lang in Europa, möglicherweise in Deutschland zu leben und zu arbeiten. Vielleicht ergäben sich dann ganz neue Perspektiven für die ganze kleine Familie. Es sei aber alles noch offen, meinte der Sohn. Vielleicht sollten damit keine voreiligen Hoffnungen geweckt werden.

Noch lange, nachdem er sich von seinem Sohn verabschiedet hatte, ging ihm das Gespräch immer wieder durch den Kopf. Er hatte sich jetzt zu kümmern, um alle Dinge, die morgen, in den nächsten Tagen und Wochen, aber auch in fernerer Zukunft auf sie zukommen würden.

In seinen Gedanken vermischten sich Plan und Wunsch. Beide voneinander zu trennen und sich um die am nächsten liegenden Dinge zu kümmern, war jetzt wichtig. Er sah hinüber zu seiner Frau und stellte dankbar fest, dass sie noch schlief. Er öffnete den Kühlschrank und die Vorratskammer, überprüfte deren Inhalt und stellte eine Einkaufsliste zusammen. Neben die Liste legte er zwei FFP2-Masken und ein

Fläschchen mit Händedesinfektionsmittel. Dann ging er hinüber in das kleine helle Zimmer, packte herumliegende Dinge in eine große Kiste und räumte diese in den Keller. Danach schaute er sich noch einmal in dem Zimmer um. Dort drüben in der Ecke würde das Bett stehen. Den kleinen Schreibtisch würde er daneben ans Fenster stellen. Ein Regal und eine Kommode hätten auch noch Platz an der Wand, so dass noch genügend Spielfläche übrigblieb. So würde es gehen.

Und wenn irgendwann der Sohn hierherkäme, könnte man über alles Weitere sprechen.

Die Verantwortung, die er nun hatte, machte ihn stark, stärker als all der Schmerz, den er fühlte und der noch eine lange Zeit immer wieder über ihn kommen würde.

Er ging wieder zurück zu seiner Frau, schaute sie lange und liebevoll an und wusste, dass sie es schaffen konnten.

Das Mädchen

Da steht sie, ganz allein in ihrem langen bestickten Kleid.
Die hellbraunen Haare, genau in der Mitte gescheitelt, fallen ihr bis über die Hüften.
Sie ist keine Schönheit, ein Kind vom Land mit etwas herben Zügen und großen, hellblauen Augen, die eigenartig erwachsen und etwas traurig wirken in ihrem kindlichen Gesicht.
Jetzt aber singt sie.
Die Worte klingen fremd, aber die Augen sprechen, eindringlich und in einer Sprache, die jeder versteht, eine Sprache, die Steine und Herzen weich macht und Tränen in die Augen treibt.
Die Stimme des Mädchens fügt sich in die Musik, wird eins mit ihr.
Es ist keine ausgebildete Gesangstimme, sondern eine, die mitten aus dem Gefühl kommt. Manche Worte schwingen zart und luftig in der Melodie, leicht wie bunte Schmetterlinge. Andere aber bringen Erlebtes mit, erzählen von Ängsten, Wünschen und Sehnsüchten.
Dann ist es die Stimme einer Erwachsenen.
Rau und eindrücklich beschwört sie die Zuhörenden, zieht sie in ihren Bann, macht ihnen ihre Wünsche zu eigen, schafft es, dass sie die gleiche Sehnsucht, den gleichen Schmerz erleben.
Sie nimmt ihren ganzen Körper zu Hilfe.
Während die Füße immer wieder bestimmte Schritte im Rhythmus der Musik machen, geben Arme und Hände die gesamte Emotionalität wieder.

Das Mädchen blickt zu einem imaginären Himmel, streckt die Arme mit weit geöffneten Händen nach oben, greift nach den Sternen oder nach der Erfüllung ihrer Wünsche und holt sie an ihr Herz. Die Fäuste bleiben geschlossen, als wollte sie die Sterne der Erfüllung nie wieder hergeben.

Ihre Augenlider senken sich. Sie blickt jetzt nach innen, mitten hinein in den Schmerz, von dem sie mit ihrer eindringlichen, seltsam erwachsenen Stimme singt.

Sie ist ganz bei sich; lässt es zu, dass Stimme und Körper ihr Inneres hörbar und sichtbar machen. All ihre Wut, ihre Ohnmacht, ihre Ängste, aber auch Kraft und Lebenswille kommen zum Ausdruck.

Ihr Körper krümmt sich, dreht und windet sich.

Er beugt sich wie unter einer schweren Last, stampft sich fest in die Erde.

Sie schüttelt mit fliegenden Haaren Kopf und Schultern. Ihr ganzer Körper strebt weg, ist auf der Flucht und bleibt doch stehen, wird endlich wieder ruhiger und leichter, als atme sie auf.

Ihre Fäuste vor der Brust, wiegt sie sich dann nur noch im Takt hin und her, wiegt sich zurück ins Hier und Jetzt, sucht ihre Balance.

Die Musik und ihre Stimme werden leiser und weicher.

Sie wird wieder zum Kind.

Und der letzte Ton verklingt rein und zart und liebevoll.

Ganz langsam löst sie ihre Hände.

Ganz langsam öffnet sie ihre Kinderaugen, die in diesem Moment ihre ganze Seele offenbaren.

Die Zuhörenden sitzen bewegungslos da, sind in einer anderen Welt, unfähig sich zu lösen oder zu denken, sind wie gebannt.

Sie wissen, dass sie von ihrem Land, einem schönen Land, gesungen hat, von dem Schicksal, das es gerade erleiden muss, von den Menschen, die dabei unsägliches Leid erfahren und von den Tapferen und Mutigen, die sich dem entgegen stellen und sich mit ihrem Leben einsetzen, so wie ihr Vater, zu dem sie seit Monaten nur virtuellen Kontakt hat und der ihr dennoch immer wieder Mut macht, an ein gutes Ende zu glauben.

Wer mit dem Herzen singt, sagt sie mit rauer Stimme, kann kein Unheil anrichten.

Mit der unbändigen Kraft ihrer Jugend bringt das Mädchen ihre Botschaft in die Welt.

Und wirklich:

ein Teil der Welt hört zu.

Menschen, die sie erlebt haben, die sich eingelassen haben, haben für einen magischen Gänsehautmoment die gleichen Gedanken und Wünsche...

Der Einbruch

Ich sitze auf dem Polizeirevier und komme mir wie eine Verbrecherin vor.
Entrüstung, Wut und Verzweiflung fahren Karussell in meinem Kopf. Nicht nur, dass ich hier schon mehr als eine Stunde herumsitze, ohne dass sich jemand weiter um mich kümmert, nein, meine anfänglichen Versuche, mich und meine Situation zu schildern und zu begründen, sind auf taube Ohren und null Verständnis gestoßen...

Dabei hat alles so harmlos angefangen.

Meine Freude war groß gewesen, als ich am späten Freitagnachmittag noch einen kurzfristigen Reparaturtermin für meinen Wage bekommen hatte. Schon seit Tagen war mir ein muffiger Geruch im Auto aufgefallen, der weder mit Personen, noch mit Einkäufen zu tun haben konnte, die mit diesem Fahrzeug transportiert wurden. Es roch eher wie im Keller eines baufälligen Hauses. Außerdem waren jeden Morgen die Fensterscheiben im Auto so beschlagen, dass sie den Einsatz von Gebläse plus Papiertüchern verlangten, wenn ich nicht im Blindflug Richtung Arbeitsplatz starten wollte.
Gestern nun hatte ich ein wahres Feuchtbiotop im rechten hinteren Fußraum entdeckt! Wenn ich nicht wollte, dass sich darin außer Spuren von Schimmelpilz noch mehr Leben entwickelte, war schnelles Handeln notwendig
„Kommen Sie am besten jetzt gleich!", riet mir der Monteur. „Dann können wir uns morgen früh als erstes darum kümmern."

Jetzt gleich heißt sofort. So ließ ich Tee und Snack stehen und kam gerade noch kurz vor Feierabend bei der Werkstatt an. .

Die Übergabe ging sehr schnell und wenige Minuten später befand ich mich flotten Fußes und guter Dinge auf dem Nachhauseweg.

Ich hatte das ganze Wochenende für mich allein! Die Kinder und ihr Vater waren für zwei Tage mit dem Camper an die Ostsee gefahren.

Die untergehende Sonne tauchte den Himmel in leuchtende Farben; alle Wolken hatten einen goldenen Rand. Unterwegs traf ich noch ein befreundetes Paar – Anlass für ein überaus nettes Gespräch.

Dem winzig kleinen komischen Gefühl ganz am Rand meiner bewussten Wahrnehmung schenkte ich keine besondere Aufmerksamkeit. Erst als ich schon fast vor der Haustür unseres Hauses stand, wurde das Gefühl ganz stark und beim Griff in die Tiefen meiner Jackentasche rollte es wie eine heiße Welle über Rücken und Kopf bis in die Magengrube.

Meine Hand fühlte in der Jackentasche – nichts!

Mir wurde nicht nur schlecht, sondern auch klar, dass ich Schlüssel und Portemonnaie bei der überstürzten Übergabe des Autos in der Werkstatt liegen gelassen hatte! Ausweis, Papiere, Geld, Hausschlüssel – alles lag ganz friedlich auf dem Tresen der Werkstatt. „Anrufen!", signalisierte mein Hirn sofort.

Gute Idee... eigentlich.

Sofort hatte ich das Bild vor Augen, wie mein Smartphone völlig unschuldig auf dem Schreibtisch neben dem Laptop lag.

„Nachbarn fragen!" lautete die alternative Problemlösung von Seiten meiner grauen Zellen.

Die direkten Nachbarn aber waren gestern mit Kind und Kegel in den Urlaub gestartet. Das Haus gegenüber stand schon seit ein paar Wochen leer; das betagte Ehepaar war in einen Seniorenwohnstift umgezogen. Und bei den Nachbarn mit den drei Hunden war es auffällig ruhig. Es meldete sich auch niemand auf mein Klingeln.

Was tun?

Mit „Selbst ist die Frau!", hatte ich mich in der Vergangenheit schon mehrmals auch zu recht unkonventionellen Problemlösungen ermutigt.

Ich schaute mir also unser trautes Heim von allen Seiten gründlich an, soweit das schwindende Tageslicht dies zuließ. Terrassen- und Kellertür waren – wie es sich gehört – fest verschlossen. Einzig im Obergeschoss standen die beiden Fensterflügel des Schlafzimmers auf Kipp. Die Sicherung ließ aber keine Öffnung von außen zu. Meine letzte Hoffnung lag jetzt auf der Nachlässigkeit meiner Familie, die das Dachfenster des Badezimmers immer einen Spaltbreit offenließ. Vielleicht war das die einzige Chance, ins Haus zu kommen.

In der Garage, die zum Glück nicht abgeschlossen war, hing an mehreren Wandhaken eine sehr lange, ausziehbare Leiter.

Das könnte knapp reichen.

Mit viel Mühe hob, schleppte und schleifte ich die Leiter – sie war schwerer als ich gedacht hatte – bis zum Dachfenster. Es war gar nicht so einfach, einen sicheren Stand für die Leiter zu finden. Aber schließlich kletterte ich vorsichtig eine Sprosse nach der anderen höher und höher und – unserer Familiennachlässigkeit sei Dank! – schaffte es nach vollem Krafteinsatz und trotz unsicherem Stand auf der Leiter, das Dachfenster so weit aufzustemmen, dass so ein schmales

Hemd wie ich sich würde hindurchzwängen können. Den Abstand zwischen der letzten Leitersprosse und dem unteren Rand des Fensters konnte man nun mit einem beherzten Klimmzug überwinden...

Klimmzüge waren jedoch noch nie meine Stärke gewesen! Und so strampelte ich ein bisschen hilf- und haltlos herum. Meine Füße suchten einen festen Grund und fanden ihn nicht sofort. Im Eifer des Gefechts trat ich gegen die Leiter, die lautstark polternd der natürlichen Schwerkraft folgte und schließlich unter mir im Rosenbeet des Vorgartens liegenblieb.

Wenn ich verhindern wollte, dass mich das gleiche Schicksal ereilte, so *musste* ich irgendwie durch die Öffnung des Dachfensters!

Ein oder zwei Dachziegel hatten die Flucht vor meinen Fußtritten nach unten ergriffen und zerschellten beim Aufprall auf der unten liegenden Leiter.

Irgendwie und vermutlich mit der Kraft der Verzweiflung schaffte ich es dann doch und hing mit dem Oberkörper über dem Fenstersims. Unter mir die Badewanne, sonst nichts.

Kopfüber musste ich mich nun in die Wanne gleiten lassen, was durchaus nicht schmerzfrei gelang.

Aber – ich war drin!

Der Horrorgedanke, die Nacht im Freien verbringen zu müssen, war Geschichte.

Ich setzte mich erst einmal hin und besah mir meine Blessuren. Es würden wohl ein paar blaue Flecken bleiben. Aber das war akzeptabel.

Ich ging hinunter in die Küche. Der Tee in der Tasse war kalt geworden, aber der Snack war durchaus noch essbar.

Es war nun nahezu ganz dunkel geworden und gerade, als meine Finger schon fast den Lichtschalter berührten, klingelte es Sturm an der Haustür!

Vor Schreck fuhr ich herum und holte mir am Türrahmen einen weiteren blauen Fleck. Aua!

Im Dunkeln tappte ich zur Haustür und – empfing sehr ungewöhnlichen, extrem energischen Besuch.

Meine Beteuerungen, dass ich hier schon seit zwei Jahren wohnte, liefen ins Leere. Völlig ungerührt verlangten die beiden Uniformierten nach einem Nachweis zur Legitimation meiner Person.

Leichter gesagt, als getan.

Dass das Geforderte samt Hausschlüssel gut verwahrt auf dem Tresen der Autowerkstatt lag, wurde als glatte Ausrede eingestuft; eine entsprechende Überprüfung wurde noch nicht einmal in Betracht gezogen!

„Sie kommen erst einmal mit!", wurde ungeachtet meines eigenen Willens bestimmt.

Tja, und nun sitze ich hier und grüble unter anderem darüber nach, wer aus der Nachbarschaft meine Verzweiflungsaktion als Fensteraufbruch mit anschließendem Hauseinbruch bei der Exekutive unserer Stadt gemeldet hatte...

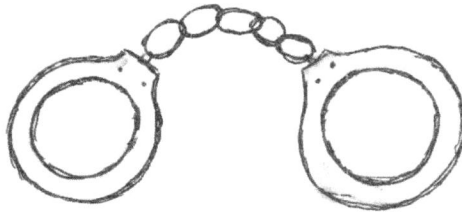

Doppelt peinlich

Es passierte auf einem der vielen Seminare, die sie zu halten hatte. Und wenn sie daran dachte, stieg ihr noch heute die Schamesröte ins Gesicht.

Sie war eine Person, der Perfektion und Professionalität extrem wichtig waren, sei es nun die Vorbereitung und Durchführung eines Seminars oder ihr eigenes Outfit.

Für heute war beides optimal vorbereitet. Sie trug den perfekt sitzenden weiten Rock aus zartem brombeerfarbenem Stoff, dazu eine schlichte beige Bluse. „Super!", sagte ihr der Blick in den Spiegel. Es konnte losgehen.

Schon zum zweiten Mal in diesem Jahr hatte ihn sein Arbeitgeber zur Teilnahme an einem Fortbildungsseminar verdonnert! „Moderne Personalführung" war das Thema. Na, das konnte ja was werden! Ziemlich lustlos hatte er seinen Koffer gepackt, dabei wahllos nach Hosen und Hemden, nach Unterwäsche und Socken gegriffen, Waschzeug, Schuhe, Jacke, fertig.

Nun war er, Elmar Lüding, auf dem Weg zum Seminarhaus; sehr eilig, wie immer. Er war heute zu spät aufgestanden, hatte es gerade noch geschafft, einmal flüchtig mit dem Rasierapparat übers Gesicht zu fahren, die Zähne zu putzen und in die Klamotten zu springen. Kaffee würde er sich in der Seminarpause holen.

Wie zu erwarten, wurde das Seminar perfekt durchgeführt und um Punkt 10:45 Uhr gab es die 15-Minuten-Pause. Die strenge Seminarleiterin, Frau Anna-Leni Meyer, hatte sehr deutlich um pünktliches Erscheinen nach der Pause gebeten. Und so saßen auch, bis auf eine Ausnahme, alle Teilnehmenden im Raum, als sie kam. Sofort wandte sie sich den Anwesenden zu, um ihre Freude darüber zu äußern, dass alle – fast alle – wieder erschienen waren.

Plötzlich ging die Tür ging auf. Ein etwas abgehetzter Mann mittleren Alters, mit wilder Frisur (wenn man bei dieser ungeordneten Haarpracht überhaupt von einer Frisur reden konnte) und einem leicht abenteuerlichen Bartwuchs betrat mit einem Becher Kaffee in der Hand den Raum. Krachend fiel die Tür hinter ihm zu. Gleichzeitig klatschte nach seinem erfolglosen Bestreben, die Tür im letzten Moment noch mit dem Ellbogen davon abzuhalten, ein Teil seines dampfenden Pausengetränks auf den hellgrauen Teppichboden, von dem er gierig aufgesaugt wurde und alsbald einen malerischen dunklen Fleck darauf bildete. Der andere Teil ergoss sich über die Hand, die den Kaffeebecher transportierte. Durch die vom Schmerz verursachte heftige Bewegung der Hand machte sich der Becher selbstständig und landete nach kurzem Flug vor den Füßen von Anna-Leni Meyer. Erschrocken hielt diese in ihrem Vortrag inne. Dann aber schaute sie Elmar Lüding mit strengem Blick von oben bis unten und wieder zurück an. Dabei blieb ihr Blick für einen winzigen Moment in Höhe seiner Körpermitte hängen. Ihre Augen verrieten Abscheu und Verachtung. Ihre Stimme aber sagte: „Würden Sie bitte Platz nehmen, damit wir mit dem Seminar fortfahren können?"

Elmar Lüding war perplex. Keine Chance, sich zu entschuldigen. Seine Hand schmerzte. Aber er bückte sich und hob die Tasse auf. Ohne auf die Anwesenden zu achten nahm er seinen Platz ein und legte seine verbrannte Hand vorsichtig auf den Tisch. Eigentlich hätte er sie gerne mit Wasser gekühlt. Aber das wagte er jetzt nicht…

Irgendetwas war eben komisch gewesen. Seine Augen hatten ein Bild wahrgenommen, das er nicht einordnen konnte. Es hing mit Anna-Leni Meyer zusammen. Er schaute vorsichtig zu ihr hinüber – genau in dem Moment, als sie sich seitwärts drehte, um den Teilnehmenden einen Zusammenhang am Flipchart zu erklären. Schlagartig wusste er, was er gesehen hatte. Unmöglich konnte er zulassen, dass andere das auch zu Gesicht bekamen.

Er sprang auf und wollte sich schützend vor sie stellen. Im gleichen Moment bemerkte er aber auch, dass mit seinem eigenen Outfit, genauer: mit seiner Hose, etwas nicht stimmte. Gürtel und Knopf waren zu. Ach, du liebe Zeit! Siedend heiß erinnerte er sich an seine nachlässige Packerei. Da hatte er doch tatsächlich die Hose mit dem kaputten Reißverschluss erwischt!

In einem winzigen Augenblick musste er nun entscheiden, wie er Anna-Leni Meyer vor den Blicken der anderen Teilnehmenden schützen konnte, ohne sich dabei selbst bloßzustellen. Einem ersten Impuls folgend wollte er das Flipchart vor sie rollen, um sie zu verdecken und dann die Gruppe abzulenken. Das wäre jedoch durch den defekten Hosenreißverschluss peinlich für ihn selbst geworden. Wenn er sich aber mit dem Rücken zur Seminargruppe vor sie stellte, lief er Gefahr, von ihr als Exhibitionist bezeichnet zu werden!

Es wurde ein recht seltsamer Tanz, den Elmar Lüding da hinter und neben Anna-Leni Meyer aufführte.

Unruhe verbreitete sich unter den Seminarteilnehmern. Die einen fanden die Szenerie lustig, die anderen fanden sie eher befremdlich und waren peinlich berührt.

Und Frau Anna-Leni Meyer?

Zum ersten Mal in ihrem Leben hatte sie die Situation nicht im Griff. Völlig verwirrt, spürte sie Zorn in sich aufsteigen.

Was bildete sich dieser Hampelmann ein? Tanzte mit halboffener Hose hinter und neben ihr herum! Und das mitten in ihrem perfekten Seminar und vor allen Teilnehmenden! War der Typ pervers? Oder verrückt? Oder gar gefährlich? Bevor die Angst ihren Zorn vertreiben konnte, herrschte sie ihn an: „Gehen Sie sofort wieder an Ihren Platz und setzen Sie sich hin!" „Gehen Sie! Sofort!" Ihre Stimme überschlug sich in schrillem Ton. Eine heftige Zornesfalte bildete sich über ihrer Nasenwurzel und ihre Augen stießen tausend vernichtende Blitze aus.

Dergestalt überrumpelt und eingeschüchtert machte Elmar Lüding einen Schritt rückwärts. Dabei stolperte er über den Moderationskoffer des Seminarraums und fiel mitten in den vorher verursachten Kaffeefleck.

Da saß, bzw. lag er nun, Elmar Lüding, 48, ledig, bis vor Kurzem noch liiert, Personalentwickler einer großen Firma, hilflos wie ein Käfer auf dem Rücken, mit offener Hose und verbrannter Hand, auf einem großen Kaffeefleck und mit einem verdutzten, ziemlich dümmlichen Ausdruck auf dem Gesicht.

Das Schlimmste aber war, dass nun eintrat, was er unter allen Umständen hatte vermeiden wollen: die Teilnehmenden bekamen nun den freien Blick auf die Rückansicht ihrer Seminarleiterin. Anna-Leni Meyers perfekt passender, zarter, brombeerfarbener Rock hatte sich nach dem Toilettengang in der Pause ganz gemütlich ins rückwärtige Hosenteil ihrer Strumpfhose verkuschelt, so dass ihr wohlgeformter Hintern äußerst attraktiv zur Geltung kam.

Jetzt hatte sie es auch bemerkt. Aufs Äußerste verlegen zerrte sie an ihrem Rock herum und stotterte, hochrot im Gesicht, so etwas wie „Entschuldigung... sorry... mir noch nie passiert..."

Elmar Lüding rappelte sich hoch, hielt beide Hände vor die offene Hose und trottete mit einem großen nassen Kaffeefleck am Hintern zurück an seinen Platz. Es war nicht seine Art, sich in einer solchen Situation einfach davonzuschleichen.

Anders Anna-Leni Meyer. Die ließ alles stehen und liegen, rannte aus dem Raum und kam nicht wieder. Eine nette Dame aus der Verwaltung holte ihre Sachen ab und erklärte das Seminar als vorzeitig beendet – wegen Unwohlseins der Seminarleitung.

Und jetzt, nach so vielen Jahren, schämt sie sich noch immer, wenn sie an diese Situation denkt.

Aber sie lachen auch herzlich darüber – Anna-Leni und Elmar.

Der Strom der Zeit

Seit dem Tod seiner Frau lebte er allein in der kleinen Ein-zimmerwohnung eines Mehrfamilienhauses am Stadtrand. Es bemühte sich schon lange niemand mehr, über den schmalen Fußweg hinter das Haus zu gehen, um an seiner Eingangstür zu klingeln.

Die Fenster seiner Wohnung zeigten auf die schmucklose Rasenfläche. Nie sah man auch nur einen Menschen dort. Ein Kastanienbaum stand auf der linken Seite am Ende der Grünfläche, eine Bank davor, auf der aber schon seit sehr langer Zeit keiner mehr gesessen hatte.

Leben fand woanders statt. Hier war alles still, gleichförmig und ereignislos. Irgendwie fühlte er sich aus dem Leben ge-kickt, als unwichtig zur Seite gedrängt, vergessen. Tagein, tagaus sah er das Gleiche, hörte das Gleiche und tat das Gleiche. Überall dazwischen aber lag sie, die Langeweile. Bleiern und dunkelgrau füllte sie auch alle Räume zwischen den wenigen Möbeln in seiner Wohnung aus, war überall gleichzeitig, machte seine Bewegungen anstrengend und seinen Geist träge und trüb.

Schon lange hatte er aufgegeben, über sein Leben nachzu-denken; es führte zu nichts. Und inzwischen gab es auch nichts mehr, worüber nachzudenken sich lohnte. So ging er zwischen Aufstehen und Zubettgehen seinen wenigen tägli-chen Verrichtungen nach, stumpfsinnig und gleichförmig, Tag für Tag. Mit der Last der Langeweile hatte er sich längst abgefunden.

Ohne Grund und Aufgabe schwamm er einfach so mit im Strom der Zeit.

Der Strom der Zeit – das war für ihn ein endlos breiter Fluss mit Untiefen, starken Strömungen und gefährlichen Strudeln, aber auch mit Nebenarmen, in denen an schlammigen Ufern das brackige Wasser fast stand, irgendwie dem Fluss zwar zugehörig, aber nicht wirklich dabei. Das tatsächliche Fließen fand in der Mitte statt, kraftvoll und zielgerichtet. Am Rand war davon kaum etwas zu spüren.

Und genau hier befand er sich anscheinend, vergessen und nicht zugehörig und doch im Zwang des Fließens.

Er öffnet die Augen. Wie so oft ist er verwundert über seine eigene Existenz aufgewacht; aufgewacht für einen weiteren Tag mit weiterer Langeweile, nur unterbrochen durch seine wenigen alltäglichen Tätigkeiten.

Aber ist es heute wirklich so?

Zuerst ist er sich nicht ganz sicher, dann spürt er es deutlich: irgendetwas ist anders an diesem Morgen. Da ist kein Tag, der auf ihn wartet, auch keine Langeweile. Nein, es liegt etwas schwer, sehr schwer auf ihm, so schwer, dass er nicht imstande ist, auch nur einen einzigen Finger zu bewegen.

Und er weiß, dass es die Zeit ist, die sich auf ihn gelegt hat und ihn so vollkommen bewegungslos macht. Mühsam schließt er die Augen, um besser nachdenken zu können. Aber anstelle von Gedanken taucht der große breite Fluss vor seinen inneren Augen auf, der Strom der Zeit. Und er ist genauso, wie er ihn sich vorgestellt hat.

Er selbst befindet sich nun mitten im Fluss. Aber er schwimmt seltsamerweise nicht mit der Strömung, sondern dagegen. Und sein Leben beginnt sich auf einmal rückwärts vor ihm abzuspulen.

Kurz sieht er den alten Mann mit fahlem Gesicht und müden Augen an einem Grab stehen, dann den agilen Mittvierziger, dem immer und ständig die Zeit knapp ist und der mit Vorliebe und einer gewissen Genugtuung die Peitsche schwingt und andere zu Eile und Leistung antreibt. Ganz hell leuchtet für einen Moment das Glücksgefühl, das mit seiner Familie zusammenhängt und das ihm für den Bruchteil einer Sekunde ein Lächeln ins Gesicht zaubert. Ein schmaler, pickelwangiger Jüngling, ungelenk und gerade unglücklich verliebt, huscht vorbei und macht Platz für den lockenköpfigen kleinen Jungen, der, wo er geht und steht, einen Fußball mit sich herumträgt.

Und dann sieht er die Augen, die er vom ersten Blick an so abgrundtief geliebt und denen er so bedingungslos vertraut hat …

Er hat nun das Gefühl, angekommen zu sein.

Die ganze Schwere der Zeit ist von ihm gewichen. Nichts ist mehr zu tun. Selbst das Atmen ist nicht mehr notwendig.
Alles ist gut.
Alles ist in Ordnung.
Er darf sich nun einfach treiben lassen.
Die geliebten Augen bleiben bei ihm, halten ihn.

Der Fluss aber, der Strom der Zeit, umspült ihn warm und angenehm, hüllt ihn ein und nimmt ihn mit sich.

Die dunkle und die helle Welt

Schon sein ganzes bewusstes Leben lang kämpfte er, kämpfte verzweifelt, wehrte sich mit allen ihm zur Verfügung stehenden Mitteln gegen das immer mächtiger werdende Monster in ihm und spürte doch gleichzeitig seine grenzenlose Ohnmacht. Er war ausgeliefert. Ganz ohne seinen Willen geschahen Dinge in ihm und mit ihm, und er musste alles hilflos durchleben.

Doch heute ging es ihm gut.

Und nur wenn es ihm gut ging, war er in der Lage, sich zu bewegen, irgendwo hinzugehen und irgendetwas zu tun.

Die Stunden oder, wenn er Glück hatte, die Tage, während derer es ihm gut ging, nannte er die helle Zeit. Sonst war alles dunkel, manchmal tief dunkel, fast schwarz und schwer wie eine große Decke aus Blei.

Diese Schwere machte ihn gänzlich unbeweglich. Dann lag er tage- und nächtelang im Bett und war kaum in der Lage, sich zu rühren, geschweige denn aus dem Bett zu steigen. Wenn es dann gar nicht mehr anders ging und er aufstehen musste, um zur Toilette zu gehen, waren auch sein Hemd und seine Hose aus Blei, so dass er sich nur mühsam aufrecht halten konnte.

Auch wollte diese Müdigkeit nicht von ihm weichen. Immer spürte er das Verlangen, sich hinzulegen und zu schlafen, endlich einmal richtig auszuschlafen...

Manchmal war er nach dem Toilettengang so fertig, dass er den Weg bis zum Bett nicht auf einmal schaffte und sich erst einmal in der Küche auf einen Stuhl setzte.

Er schaute durch das Fenster hinaus in eine trübe graue Welt, die ihm immer fremder wurde und ihm Angst machte.

Dann konnte es vorkommen, dass ihm die Tränen aus den Augen über die Wangen liefen. Er weinte und weinte stumm und es gab kein Ende. Er war verloren. Die Welt hatte ihn vergessen, ihm etwas angetan; hatte ihm etwas genommen; etwas Wichtiges in seinem Leben, vielleicht sein Leben selbst. Alles war nur noch leer, leer und grau und tot. Es drang nichts mehr zu ihm durch und er drang nicht nach außen durch. Er sah sich abgekapselt, gefangen und eingesperrt in einer Blase aus Traurigkeit, aus der es kein Entrinnen gab.

Seine Augen funktionierten; er konnte sehen. Aber was er sah, kam nicht bei ihm an, hatte keine Signale für ihn, keine Botschaft. Er konnte hören. Doch was er hörte, drang zwar durch sein Ohr, blieb dann aber auf der Strecke zwischen Wahrnehmung und Verarbeitung stecken. Er bekam keine Signale, keine Botschaft. Würde er in dieser dunklen Zeit etwas essen, er würde keinen Geschmack feststellen. Wenn er in dieser dunklen Zeit etwas trank, war es ihm völlig gleichgültig, was es war; er hatte kein Empfinden dafür.

Manchmal, nur einen ganz kleinen Moment lang, dachte er: wäre er jetzt nicht alleine und gäbe es eine Person, die den Arm um ihn legte... würde dann seine Traurigkeit und seine bleischwere Müdigkeit verschwinden?

Diese kleinen Denkmomente waren hell. Es war, als wenn jemand in einem dunklen Zimmer das Licht für einen kleinen Augenblick an und dann wieder ausmachte.

Irgendwann fand er sich dann doch im Bett wieder, die Decke hoch bis über das Gesicht gezogen. Nichts sehen, nichts hören, nichts denken... außer vielleicht an den winzig kleinen Funken Hoffnung, dass nach dem so ersehnten tiefen Schlaf alles anders sein würde, besser, heller. „Schlaf erstmal drüber", hieß es doch, „dann sieht alles anders aus."

Bisher hatte es hinterher aber nie anders ausgesehen.

Das war die dunkle Zeit.

Heute aber stand er nach dem Schlafen auf, um sich zu waschen, anzukleiden und raus zu gehen aus seiner Bude; er brauchte Luft und Licht und andere Menschen.
Unglaublich, dass er es so lange in dieser grauen Düsternis ausgehalten hatte! Er zog die Rollläden hoch und die Vorhänge zurück, und öffnete jedes Fenster, so weit wie es nur ging. Dieser Muff musste raus! Keinen Atemzug davon wollte er in seine Lungen lassen! Roch das nicht schon nach Verwesung und Tod? Und wie konnte man nur so viel Essen vergammeln lassen! Fassungslos stand er in der Küche. Zwei Mülltüten voll davon schleppte er zur Abfalltonne.
Das musste ganz anders werden! Am besten sofort. Er spürte eine unbändige Kraft und Energie in sich.
Alles würde er schaffen, alles! Ganz egal, was!
Das war der Moment, in dem er so grenzenloses Glück fühlte, dass es kaum bei ihm Platz hatte. Er musste es mit anderen teilen.
Er ging in die Stadt, sprach Menschen an, lachte, zeigte sich charmant und höchst unterhaltsam. Wenn die Angesprochenen sich freuten und mitlachten, so trieb ihn das immer weiter an, lustig zu sein, sich das Freuen und Lachen der anderen zu holen; er konnte gar nicht genug davon bekommen.
Er fühlte sich leicht und unbeschwert, bewegte sich wie im Tanz durch die Straßen, in ihm sangen alle Gefühle eine Hymne des Glücks. War es möglich, jemals wieder darauf zu verzichten?
So wunderbar frei fühlte er sich, so zwanglos und berauscht von überwältigenden Glücksgefühlen, dass ihm die Tränen in die Augen stiegen.

Immer wilder wurde sein Tanzen, immer lauter sein Singen, immer derber und spitzer seine Späße. Wie berauscht von sich selbst und dem unbeschreiblichen Hochgefühl in seinem Innern, konnte er endlich alle Zwänge lösen und sich der neuen grenzenlosen Freiheit hingeben. Nichts war mehr wichtig, weder Essen, noch Trinken, noch Schlafen.

Es gab nur noch ihn, mitten in einem Strudel aus allen positiven Gefühlen der Welt. Für die anderen Menschen und selbst für Schmerzen hatte er bald keine Wahrnehmung mehr.

Er sah nicht, dass die vorher lachenden Gesichter um ihn herum sich mehr und mehr verdunkelten, spürte nicht, dass die Mädchen und Frauen nicht mehr freiwillig mit ihm tanzten, sondern davonliefen oder sich gegen ihn zu wehren suchten.

Aber seine Kräfte waren unermesslich; er war ausgefüllt von der unerklärlichen wilden Lust, seine eigene Macht zu spüren. Der Widerstand der Mädchen und die Versuche der anderen Menschen, ihn zu stoppen, befeuerten ihn nur noch mehr.

Es ging nun nicht mehr darum, sich das Lachen und die Freude der anderen Menschen zu holen. Es ging nur noch um ihn, um seine Macht, um seine Lust.

Für alles andere war er blind und ohne jedes Gefühl.

Seine anfängliche Freude hatte eine gefährliche Grenze überschritten und wurde zu einem hochbrisanten inneren Sprengstoff aus Wut, Macht und Wahnsinn, der ihm, dem äußerlich eher schmächtigen, unscheinbaren Mann, unendliche Kräfte verlieh.

Nichts und niemand hatte sich ihm in den Weg zu stellen; er hatte auf jeden diesbezüglichen Versuch eine Antwort. Wilde Schreie entrangen sich seiner Kehle. Er sah sich jetzt auf dem höchsten Gipfel der Erde, über ihm nur noch der

Himmel, in den er blickte; um ihn herum bodenlose Abgründe. Er sah nicht die Gefahr. Er war nun ein ganz anderer. Seltsamerweise war ihm das innerhalb einer wachsamen Stelle seines Verstandes sehr klar. Es war das Areal in seinem Gehirn, das wie abgeschnitten von den übrigen grauen Zellen ein völlig emotionsloses Eigenleben führte, wie eine professionell strukturierte Datenbank, die einer eisklaren Logik folgte, nie den Überblick über die Verfassung seines Besitzers verlor, jedoch keinerlei Macht hatte, sondern nur Resultate lieferte.

Von drei Seiten kamen sie auf ihn zu, groß wie Schränke mit breiten Schultern und mächtigen Oberarmen. Sie kamen genau in dem Augenblick, als seine logische Datenbank „Zusammenbruch" gemeldet hätte, hätte man sie befragt.
So nahmen die drei einen schmächtigen, völlig verwirrten und schweißtriefenden Mann fest, der am ganzen Körper zitterte und bebte und kein einziges Wort mehr von sich gab.
Widerstandslos ließ er sich mitnehmen, egal wohin, und schien immer mehr in sich zusammenzusacken.

Die Welt um ihn wurde dunkel und dunkler, schwer und schwerer...
Und die bleierne schwarze Decke legte sich wieder über ihn.

Die Tanzenden
(die Macht der Musik)

Das Kind tanzt.

Ein kleines Mädchen, keine fünf Jahre alt, eher zart mit einem schmalen Gesichtchen, großen dunklen Augen und langen braunen Locken, es tanzt selbstvergessen und intensiv. Es hört nichts als die Musik. Es sieht nichts als die Bilder, die die Musik in seinem Kopf erzeugen. Es spürt nichts als das Pflaster unter seinen Füßen, den Wind in seinen Haaren und das Flattern des Sommerkleidchens um die nackten Beine. Es hört nicht die Gespräche, das Rufen, das laute Lachen der vielen Menschen auf dem Platz. Es sieht nicht die Leuchtreklame der Geschäfte rings um den Platz und auch nicht das grelle Blinken und Blitzen der bunten Lichter des Kinderkarussells und des Zuckerwatteverkaufsstandes. Seine Fußsohlen spüren nicht die vielen kleinen Steinchen auf dem Platz. Es nimmt nicht den süßen Duft gebrannter Mandeln wahr und auch nicht den würzigen von Frittiertem und Gebackenem.

Seine Arme hat das Mädchen weit ausgebreitet, als wollte es alles, was sich in seiner Nähe befindet, mitnehmen in seinen Tanz; eine universelle Einladung an alle und alles. Sein Haar weht im Wind, wenn es sich dreht und hierhin und dahin tanzt. Manchmal dreht es sich sehr schnell im Kreis. Dann wirft es beide Arme geradeaus nach oben, die Augen auf seine Fingerspitzen gerichtet. Und im Herumwirbeln wird sein Gesicht von den braunen Locken fast zugedeckt. Es kommt wieder ein bisschen zur Ruhe und hüpft, nein, besser: schwebt federleicht über den Platz, wendet sich dabei mal in die eine Richtung und mal in die andere. Manchmal schließt die Kleine ihre Augen, der Mund lächelt... Sie schwebt und tanzt und hüpft und stampft und wirbelt, ist eins mit sich und der Musik, die zugleich von außen und von innen zu kommen scheint. Selbstvergessen, alles vergessend, nicht von dieser Welt. Ihre eigene Choreografie entsteht genau in diesem Moment und ist doch vollkommen abgestimmt mit dem Rhythmus der Musik, mit dem Anschwellen und Abschwellen der Lautstärke und der Klangfarben der Instrumente.

Das Kind und die Musik sind zusammen, sind so einig miteinander, als wäre es nie anders gewesen.

Das Kind tanzt.

Es hat einen kleinen Jungen in seinen Bann gezogen. Der steht und schaut, und schaut und steht. Nichts an ihm bewegt sich. Seine Aufmerksamkeit gilt ganz allein dem Mädchen und seinem Tanz. Sein blonder Schopf leuchtet im Halbdunkel des Platzes. Das bunte Hemd scheint zu groß für seine schmalen Schultern zu sein und hängt weit über die kurze Hose. Seine Füße stecken in offenen schwarzen Sandalen. Alles an ihm ist ein bisschen zu lang und zu schmal.

Nach einiger Zeit beginnt sich sein Körper leicht hin und her zu bewegen; seine Füße setzen zu Schritten an, linkisch, unsicher, außerhalb des Taktes. Er versucht, das Mädchen nachzuahmen, was ihm aber nur ansatzweise gelingt. Die kleine Tänzerin ist ihm mehrere Figuren voraus. Die Augen unverwandt auf das Mädchen gerichtet, werden seine Bewegungen bewusster, gezielter. Er akzeptiert, dass es nicht möglich ist, die Tanzschritte des Mädchens nachzuahmen und beginnt seine eigenen. Seine Füße setzen sich abwechselnd voreinander und hintereinander, er springt mehrmals hoch in die Luft und hin und her. Er versucht, sich in der Luft zu drehen, kommt breitbeinig wieder auf dem Pflaster auf, nutzt den Schwung, um einmal quer über den Platz zu rennen, wobei er für einen Moment in das Gesichtsfeld des Mädchens kommt. Er bleibt stehen und schaut es an, aber die Kleine hat die Augen geschlossen, ist ganz versunken in ihrer Welt aus Musik und Tanz.

Der Junge tanzt jetzt in wilden Sprüngen um sie herum, zuerst in einem weiten Bogen, dann in enger werdenden Kreisen. Seine Bewegungen sind noch ein bisschen eckig; aber auch ihn scheint die Musik ergriffen zu haben; mehr und mehr übernimmt er den Rhythmus, wird zunehmend sicherer.

Eine Frau ruft ihm etwas zu. Er lacht nur. Die Frau ruft noch einmal und gestikuliert sehr eindeutig. Der Junge schaut kurz zu dem tanzenden Mädchen und geht sichtlich widerstrebend auf die Frau (seine Mutter?) zu. Sie reden miteinander, wobei der Junge immer wieder heftig seinen Kopf schüttelt und wegstrebt, obwohl er am Arm festgehalten wird. Der ältere Herr, der die ganze Zeit neben der Frau stand, beugt sich zu ihr nieder, sagt ihr etwas ins Ohr, während er abwechselnd auf den Jungen, auf die Musikband und auf den Platz zeigt. Sie scheint sich zu beruhigen; lockert den Griff um das Handgelenk des Jungen und lässt ihn schließlich laufen.

Überglücklich rennt er los, stolpert und landet genau vor den Füßen der kleinen Tänzerin, die just in diesem Moment die Augen öffnet.

Ohne zu zögern, als passe es genau in ihre Choreografie, reicht sie ihm die Hände und hilft ihm auf die Füße. Dann tanzt sie einfach weiter, ohne seine Hände loszulassen. Es bleibt dem Jungen nichts anderes übrig, als ihre Bewegungen irgendwie mitzumachen. Er schaut auf ihre Füße, bemüht sich sehr, die Schritte nachzuahmen. Es misslingt.

Als er den Blick vom Boden langsam zu ihrem Gesicht lenkt und ihr schließlich direkt in die Augen schaut, geschieht

etwas Bedeutsames. Eingefangen von ihrer Begeisterung und dem Funkeln ihrer Augen, macht sich sein Körper selbstständig, bewegt sich nach einer ganz eigenen und dennoch auf sie abgestimmten Art und Weise. Alles Linkische, alles Eckige hat er abgestreift, wie ein altes unbrauchbares Hemd. Er hat den Rhythmus in den Beinen und im ganzen Körper.
Der Junge tanzt.
Mit großen geschmeidigen Bewegungen gibt er sich dem Bann der Musik und des Mädchens hin. Sie bewegen sich gemeinsam, lassen sich los, um sich hüpfend und springend voneinander zu entfernen und wieder aufeinander zuzukommen. Sie fassen sich wieder an den Händen, drehen sich miteinander und umeinander.
Und bald ist nicht mehr zu erkennen, ob das Mädchen mit ihm oder er mit dem Mädchen tanzt.
Vielleicht halten sie nicht nur sich gegenseitig, sondern auch ein Stück Glücklichsein mit ihren Händen, unbeschwert und ohne sich selbst darüber bewusst zu sein.

Eine alte Frau zwängt sich mit ihrem Rollator durch die Menschenmenge und erreicht den offenen Platz. Sie ist klein und gedrungen, trägt eine bunte Schirmmütze auf dem Kopf, unter der einige Fransen ihres kurz geschnittenen grauen Haares hervorlugen. Sie hat kleine, runde, von Lachfalten umrahmte Äuglein, die ihrem Gesicht etwas Verschmitztes und Listiges verleihen. Ihre helle Stoffhose hat sie fast bis unter die Arme hochgezogen; über ihrem kurzärmligen grünkarierten Hemd trägt sie eine orangefarbene Sicherheitsweste. Die gelben Leuchtstreifen darauf sind auch von Weitem gut zu sehen.
Erstaunlich flink und wendig ist sie mit ihrem Rollator.
Als sie die Kinder erblickt, lacht sie laut auf, kommt ein bisschen näher und beginnt, sich im Takt der Musik zu drehen.

Das heißt, sie dreht sich mit ganz vielen kleinen Trippel-schrittchen und zieht den Rollator um sich herum. Sie muss die Griffe ganz festhalten, damit ihr der Gehwagen durch die Fliehkraft nicht entkommt. Unermüdlich dreht sie sich, manchmal schließt sie für einen kurzen Moment die Augen. Ihr Mund singt mit. Vielleicht einen imaginären Text, der nur ihr ganz alleine gehört und von dem nur sie weiß, dass er richtig ist. Sie dreht sich und singt und singt und dreht sich. Sie ist abgetaucht in eine eigene Welt, in der es jetzt gerade nur die Musik, ihr Tanzen und ihr Singen gibt.

Ganz versunken war ich in der Betrachtung der drei beson-deren Tänzer, war ein Stück weit mit ihnen gegangen, mei-nen Alltag völlig vergessend. Unwillkürlich hatte auch ich be-gonnen, mich im Takt hin und her zu bewegen.
Jetzt, als ich gerade von einem jungen Mann angerempelt werde, der sich mit seiner Clique durch die Menschenmenge drängt, wache ich wie aus einem Traum auf, weil ich einen kleinen Ausfallschritt machen muss, um nicht aus dem Gleichgewicht zu geraten. Ich spüre noch ein Weilchen die schmerzende Stelle durch den Rempler an meiner Schulter, während ich mich rasch orientiere.
Der Himmel ist jetzt blauschwarz und trotz der Beleuchtung auf dem Platz kann man die Venus und die schmale goldene Sichel des Mondes wahrnehmen. Mein Blick wandert durch die vielen Menschen um mich herum, verfängt sich hin und wieder Bruchteile von Sekunden in anderen Blicken von an-deren Menschen. Ich sehe ein Pärchen, das sich eng um-schlungen und mit geschlossenen Augen im Takt wiegt. Ich sehe Einzelne und ganze Gruppen, die sich sehr reduziert, aber doch sichtbar zur Musik bewegen. Viele halten ein Ge-tränk in der Hand, scheinen aber auf dem Weg zum Mund

irgendwann damit stehengeblieben zu sein. Jemand hält eine Zigarette zwischen den Fingern, aus der schon längere Zeit nichts mehr glimmt. Und die Pommes des groß und breit gewachsenen Herrn, der ungeniert ganz vorne steht und damit einigen anderen die Sicht versperrt, scheinen nicht weniger zu werden.

Auch er schaut von seiner Höhe hinunter auf die Kinder und die Frau mit dem Gehwagen. Sein Gesicht ist genauso versunken und weit weg von dieser Welt.

Es war…

Da steht sie nun und ja, sie weiß es mit der absoluten Gewissheit und mit einer Klarheit, die so hell ist, dass sie schmerzt:
Dies ist der schönste Moment in ihrem Leben!
Es gibt und gab nichts Vergleichbares!
Das weiß sie, ohne zu denken.

Ganz allein hatte sie den schwierigen Aufstieg geschafft, hatte Fuß vor Fuß über Steine und Wurzeln gesetzt, sich an Felsvorsprüngen und Ästen entlang gehangelt, sich durch enge Spalten gezwängt und auf schmalen Graten vorwärts getastet. Niemals, keinen Augenblick hatte sie Angst gefühlt, hatte die Augen nach oben und die Sinne auf ihr Tun gerichtet, sich auf ihr Gleichgewichtsgefühl und auf die Festigkeit ihrer Schuhe verlassen.

Pausenloser Anstieg, Stunde um Stunde, in regelmäßigen Abständen hatte sie ein paar Schlucke aus der Wasserflasche genommen, mechanisch, ohne es wirklich wahrzunehmen.
Irgendwann und irgendwo hatte sie ihre Jacke verloren.
Sinnlos zu suchen. War sicher den Abhang hinuntergeweht.
Egal.
Einmal hatte sie Stimmen gehört, einen Umweg gemacht, um niemandem zu begegnen. Der Berg gehörte heute ihr, ihr allein! Sie hatte nicht vor, ihn mit anderen Menschen zu teilen.
Und heute wollte sie ganz nach oben!

Den Entschluss hatte sie schon einmal gefasst, hatte sich aber erlaubt, den Blick schweifen zu lassen, auch nach unten.

Das war falsch.

Konnte nicht weiter.

War wie Lots Frau zur Salzsäule erstarrt.

Denken ausgeschaltet.

Fühlen ausgeschaltet.

Reflexe tot.

Nichts ging mehr.

Es war dunkel und kalt, als sie wieder unten war.

Aber jetzt steht sie oben, ganz oben!

Der Atem geht schwer, die Luft ist dünn hier oben und die letzten Meter hatten noch einmal alle ihre Kraftreserven gefordert.

Die zerschrammten Beine zittern, die Hände sind unfähig, irgendetwas festzuhalten. Die Trinkflasche entgleitet ihr und fällt polternd den Abhang hinunter, immer tiefer, immer leiser.

Es ist so still, dass sie irgendwann den letzten Aufprall der Flasche hört.

Oder ist es nur ein Echo?

Oder ihr Herzschlag, der in ihrem Kopf dröhnt und die Ohren täuscht?

Sie hört ihr Blut durch die Adern rauschen.

Es bringt ein nie gekanntes Glücksgefühl mit sich, das sich mit jedem Herzschlag weiter und weiter in ihr ausbreitet bis es jede einzelne Körperzelle ausfüllt und nichts anderes mehr zulässt, als einzuatmen.

Einzuatmen und das Glück als reinstes aller Gefühle zu spüren.

Das ist der Moment!

Schöner kann es nicht werden.

Sie breitet die Arme aus und weiß, was sie jetzt tun wird.

Im Dorf am Fuß des Berges wird eine Jacke im Rathaus ab-
gegeben; ein Wanderer hatte sie an einem Ast hängend ge-
funden.

Als die Winterstürme einsetzen wird die Suche beendet. Es
gibt auch niemanden, der eine erneute Suche im Frühjahr
anfordert.

Und die Jacke wurde nie abgeholt.

Nur ein kleiner Zwischenfall

Der unscheinbare Artikel aus dem regionalen Käseblatt fällt ihr beim Aufräumen in die Hände. Er ist schon ganz abgegriffen, so oft wurde er schon hin und hergeschoben. Diesmal schaut sie ihn genauer an.

„Ein kleiner Zwischenfall …" steht da, „… behinderte am Donnerstagnachmittag für kurze Zeit den Berufsverkehr…" Das Datum des Artikels sagt ihr, dass sich dieser angeblich kleine Zwischenfall genau vor einem Jahr ereignet hat. Vor einem Jahr … Ein schneller Blick auf den Kalender bestätigt ihr das Datum. Sie liest den kurzen Artikel zu Ende. Und da sind sie wieder, die Erinnerungen. Wie ein Film ziehen sie vorbei, brechen an einer Stelle ab und setzen dann wieder ein; sie kennt das schon. Jedes Mal hat sie diese Erinnerungslücke.

Sie empört sich über den Verfasser des Berichts. Das war doch kein kleiner Zwischenfall! Es war etwas Großes, etwas Riesengroßes und Schicksalhaftes, was an diesem Tag passiert war! Es hat ihr ganzes Leben verändert. Es war, als ob eine völlig neue Tür aufgestoßen worden war, durch die sie gehen sollte, mitten hinein ins Unbekannte.

Die Erinnerung…

Plötzlich steht sie wieder auf der belebten Straße. Wie durch einen Schleier nehmen ihre Augen wahr, was um sie herum geschieht. Alle Geräusche kommen ihr vor, als wäre eine große dicke Decke darübergelegt worden. Es gibt kein Nah und Fern, kein Groß und Klein, kein Laut und Leise. Sie fühlt sich wie von starken Wurzeln festgehalten; sich fortzubewegen ist nicht möglich. Wie ist sie hierhergekommen, genau an dieser Stelle stehengeblieben? Bewegungsunfähig. Sie versucht mühsam, sich zu erinnern.

Jemand hatte ihr diese Nachricht, um die sich alles dreht, das Neue, Unfassbare übermittelt. Zuerst rauschte die Mitteilung an ihr vorbei, als ob sie für jemand ganz anderen bestimmt wäre. Da war aber niemand anderes. Erst als ihr Name genannt wurde dämmerte ihr, dass sie gemeint war. Trotzdem hatte sie Schwierigkeiten, das Gehörte aufzunehmen und zu verarbeiten. Aber es gab in ihrem Innern einfach keine Sensoren für eine solche Nachricht. Chaos im Kopf. Tausend unausgesprochene Fragen. Die Worte „herzlichen Glückwunsch!" konnte sie nicht einordnen.

Wie in Trance war sie die Stufen des dunklen Treppenhauses zwei Stockwerke hinabgestiegen, hatte die Tür geöffnet. Die plötzliche Helligkeit war wie der Eintritt in eine andere Welt.

Und die sollte ihre Welt werden! Ein Leben lang. Unausweichlich. Kein Zurück. Immer wieder sagt sie sich das, ohne es in seinen Konsequenzen zu begreifen. Sie spürt nur, dass etwas Neues, etwas Riesengroßes in ihrem Leben beginnt. Und sie sagt ‚Ja!' dazu.

Sie ist so ausgefüllt von Gedanken und Gefühlen, dass nichts anderes mehr Platz hat; weder in ihr, noch um sie herum. Ausgerechnet ich, sagt eine Stimme in ihr. Ich bin auserwählt…

Bevor alles schwarz wird, bekommt sie noch mit, dass es laut um sie ist, sehr laut. Sie hört Autos hupen, Bremsen kreischen, eine Frau schreit und sie hat das Gefühl, dass ihr der linke Arm ausgerissen und sie aus dem Gleichgewicht gestoßen wird. Genau an dieser Stelle reißt der Erinnerungsfilm.

Als es wieder heller wird meldet ihr Kopf zunächst – nichts. Keine Bilder, keine Emotionen.

„Es ist still hier.", registriert das Gehirn nach einer Weile nüchtern.

„Es ist hell, es riecht neutral, da ist niemand und es ist nichts zu spüren."

Die letzten Worte werden klarer. „Da ist nichts zu spüren..."

„Ich spüre nichts! Ich spüre meinen Körper nicht!", schreit es auf einmal ganz laut in ihr. Sie versucht, ihre Beine zu bewegen, ihre Arme... Nichts! Panik steigt in ihr auf. Wenigstens die Zehen... oder die Finger... Nichts.

Sie möchte schreien, um Hilfe rufen, um sich schlagen.

Aber sie liegt nur bewegungslos und stumm da.

Ihre Ohren nehmen ein schrilles Piepen wahr. Messerscharf schneidet es sich durch ihr Gehirn. Sie schließt für einen Moment die Augen. Als der Piepton kaum noch auszuhalten ist kommt eine grün gekleidete Gestalt herein, murmelt etwas Unverständliches, schaltet den Ton aus und drückt irgendwelche Köpfe an dem viereckigen Kasten neben ihr. Dann verlässt sie den Raum und alles ist wieder still. Die Augen fallen ihr zu. Sie taucht ab ins Nirgendwo.

Irgendwann, bestimmt einige Stunden später nimmt sie wie aus weiter Ferne Unruhe um sich herum wahr. Gestalten, Stimmen, Wort- und Satzfetzen. Sie versucht, sich von der bleiernen Schwere in ihrem Kopf zu befreien. So vernimmt sie Worte wie Schädelhirntrauma, retrograde Apraxie und Aphasie, kann sich aber nicht wirklich einen Reim darauf machen. Doch es fallen auch Worte wie „Glück gehabt" und „jung genug". Mehr aufzufassen ist ihr in diesem Moment nicht möglich. Sie versinkt wieder in der dunklen Stille.

Erst später, viele Besuche, Gespräche und anstrengende Übungseinheiten später werden Zusammenhänge klar und sie kann den abgebrochenen Film in etwa vervollständigen.

Gedankenverloren legt sie den Artikel beiseite.
Ihr Blick fällt auf das schlafende Baby neben ihr. Es hat seinen Mund zu einem Lächeln verzogen. „Kleiner Zwischenfall…", sagt sie leise und zärtlich.
Eine Welle von Liebe und Dankbarkeit durchläuft sie.

Würde

Ich sitze hier und ihr versteht mich nicht. Ich sitze immer hier. Wo soll ich sonst sitzen? Und ihr versteht mich immer nicht, oder gerechterweise: ihr versteht mich meistens nicht. Warum auch? Ihr seid anders und ich bin auch anders.

Manchmal wünsch' ich mir,
so zu sein wie ihr,
möcht' auch mal alles besser wissen,
alles können und beflissen
und vernünftig reagieren,
nie Überlegenheit verlieren
oder abweichen vom Plan.
Doch jedes Mal weiß ich, ich kann
nicht einfach raus aus meiner Haut.
Bin nun einmal so gebaut,
gefangen hier in meiner Welt
und meinem kleinen Handlungsfeld.

Natürlich würde ich gerne meinen eigenen Weg gehen, wenigstens ein Stück weit, auf meinen eigenen Beinen, mit meinen eigenen Füßen. Aber meine Beine haben keine Kraft und gehorchen mir nicht und meine Füße sehen aus wie Klumpen, brauchen maßangefertigte Schuhe, um überhaupt als Füße erkannt zu werden. Mein Körper ist ein Häufchen verkrüppeltes Unglück, das gerade mal 48 kg auf die Waage bringt.

Gut für die, die alle Tage
mit mir müssen ohne Klage

umgeh'n, denn das ist ihr Job.
Und ich tu dann so als ob
ich immer gut drauf, fröhlich bin,
nehme Vieles dafür hin.
Den Umgangston – nicht angemessen –
habt ihr wirklich ganz vergessen,
dass ich nicht fünf Jahre bin,
nein, fast fünfzig immerhin?
Oder ungeschickte Hände –
zeig' mich geduldig ohne Ende.

Mein linker Arm ist gut. Der ist so stark wie euer beider Arme.
Meine ganze Körperkraft ist darin. Und die Hand ist auch beachtlich, auch wenn ich den Fingern meist gut und streng zureden muss, damit sie tun was ich möchte. Kralle mich damit an euch fest, wenn ihr mich bewegen wollt. Wenn ich diese Kraft spüre, weiß ich,
dass ich doch etwas selbst tun kann. Essen zum Beispiel. Darum lasst es mich tun! Lasst es mich alleine tun! Gebt den Fingern meiner linken Hand die Zeit,
sich um den extra dicken Griff der Gabel zu klammern. Gebt meinen verlangsamten Nervenleitungen die Möglichkeit, Informationen von den Augen in der Schaltzentrale meines Kopfes zu Anweisungen an Arm, Hand und Finger umzuwandeln.
Das dauert. Die Leitungen sind lang und störanfällig. Und meist braucht es mehrere Anweisungen.

Sitzt nicht unruhig dabei, jederzeit
auf dem Sprung und auch bereit,
mir zu helfen. - Eure Pflicht?
Ich will diese Hilfe nicht.
Sie macht mich klein.

Ich sage Nein!
Ich schreie es euch ins Gesicht. –
Ihr lächelt nett, versteht mich nicht.
Es gibt viel, was ich nicht kann,
auch Dinge, die mir peinlich sind.
Ergeben nehm' ich Hilfe an,
lass mich behandeln wie ein Kind.

Aber ich kann hören, sehen und verstehen. Das was ich
höre, sehe und verstehe bewegt sich in meinem Kopf bis et-
was Eigenes entsteht – vielleicht ein Gefühl, ein gutes oder
ein schlechtes. Dass es schlechte Gefühle gibt, kann ich an
eurer Reaktion sehen. Wenn ich ganz viele schlechte Ge-
fühle zeige, bringt ihr mich auf mein Zimmer. Soll Musik hö-
ren und mich entspannen. Soll pflegeleicht sein.
Aber bitte, dann seid auch ein bisschen pflegeleicht!

Lernt, mich zu interpretieren,
wenn ich keine Worte hab',
um Gedanken auszuführen.
Will nicht schweigen wie ein Grab.
Und wenn es doch da ist, das Wort,
will der Mund, die Zunge nicht
sie formulieren hier vor Ort.
Lest meine Augen, mein Gesicht.

Und – nehmt mir nicht weg, was ich gerne mache, gern er-
lebe. Lasst mich dabei sein! Wenn ich beim Sport meine
Arme nicht bewegen kann, dann stelle ich mir die Bewegung
vor, sehe sie ganz genau mit meinen inneren Augen, spüre
ganz genau, wie es sich anfühlt, wenn man sie richtig aus-
führt. Ich mache mit! Auch wenn ihr das nicht sehen könnt –

es ist genauso anstrengend wie für die anderen. Und ich habe danach ein gutes Gefühl. Ich liebe Sport.
Genauso liebe ich Musik. Ich kann nicht das, was ihr Musikmachen nennt.
Das machen meine Hände, meine Arme nicht mit, jedenfalls nicht äußerlich.
Ich kann nicht das, was ihr Singen nennt. Meine Stimmbänder, meine Zunge und mein Mund gehorchen mir dafür nicht. Aber dennoch singe ich. Meine innere Stimme kann sie alle, die Lieder, die ihr anstimmt. Sie hört sich wunderschön an: von hoch bis tief, von laut bis leise, von dunkler Traurigkeit bis zu hellem Jubel. Lasst mir die Musik, lasst mich dabei sein!

Lässt sich's manchmal nicht vermeiden –
ich versuch' es zu versteh'n –
müsst ihr ohne mich entscheiden
bei Dingen, die doch mich angeh'n?
Ja, das macht ihr. Es geschieht
oft. Und man bemerkt es nicht,
wenn man nicht genau hinsieht,
auch einmal aus meiner Sicht.

Aber glaubt mir: ich kann hören, sehen und verstehen. Redet nicht *über* mich. Redet *mit* mir. Ich verzeihe euch, wenn ihr meine Gedanken aus den wenigen Worten, die ich zu formulieren in der Lage bin, nicht nachvollziehen und daher oft nicht in meinem Sinn entscheiden könnt. Aber ich verzeihe euch nicht, wenn ihr nicht einmal den Versuch macht, mich einzubeziehen. Warum seid ihr erstaunt, wenn ich manchmal – selten genug! – meinen Widerstand deutlich mache? Widerstand auf meine Art? Oh, ich weiß, dass ihr das überhaupt nicht mögt. Denn dann bin ich laut und bockig und schwierig.

Dafür reichen eure Geduld und eure Zeit nicht, ich weiß.
Dann kann es sein, dass ich wieder einmal in mein Zimmer
gebracht werde, um mich zu beruhigen.
Ich will mich aber nicht beruhigen. Ich will mich nur verständlich machen – mit den Mitteln, die mir zur Verfügung stehen.
Ich kann nicht nur hören, sehen und verstehen.
Ich kann den Kopf hin und her bewegen oder nicken.
Stellt mir die richtigen Fragen.
Versucht es. Tut es für mich.
Und tut es für meine Würde, die genauso unantastbar ist wie
eure.

*Schade, dass ich das alles nur gedacht und nicht zu Papier
habe bringen können. Ich hätte euch den Zettel gerne zum
Lesen gegeben.*

Wirklich?

Spielen ist eines der schönsten und wichtigsten Dinge in unserem Leben. Und wir alle lernen am besten spielerisch...
Spielen benötigt Fantasie und Kreativität, spricht so viele Kernkompetenten unserer Persönlichkeit an, bringt nicht selten ganz Erstaunliches zutage.

Genauso ist es beim Spiel mit Worten, Sätzen und Inhalten. Da kann dann schon mal die Fantasie mit einem durchgehen wie ein imaginäres wildgewordenes Pferd.
Und das darf auch so sein!
Wunderbares, Märchenhaftes und Unwirkliches wird zum Leben erweckt und verwischt die Grenzen zwischen Traum und Wirklichkeit...

Der bewohnte Mond

Der Mond ist bewohnt
und es lohnt
auf jeden Fall,
quer durch's All
einmal bis dahin zu fliegen,
um es hautnah mitzukriegen.
Was ist bloß
dort so los?
Wer bewohnt den Mond?
Kommt ja schon ins Wanken
durch unsere Gedanken,
der gute alte Mond.
Er ist das nicht gewohnt.

Die Nachtfrösche

Was macht der Frosch da auf dem Blatt?
Er quakt zur guten Nacht
bis seine Stimme wird ganz matt
und er genug gequaket hat.
Dann schläft er ein ganz sacht.

Ein andrer Frosch erklimmt das Blatt,
quakt auch zur guten Nacht,
vom Mückenfang ganz dick und satt
bläst er sich auf, dieweil er hat
das Nachtlied selbst erdacht.

Nicht schön sein Lied, doch dafür laut
ertönt es übern Teich.
Der erste Frosch wird wach und schaut
und ist darüber nicht erbaut.
Vor Schreck wird er ganz bleich.

Ich bitt dich, lass das Quaken sein,
fleht er den andern an,
das ist doch nervig irgendwann,
es quakt sonst nur, wer quaken kann.
So, bitte, lass es sein.

Der schräge Sänger ist jetzt still
und zieht beleidigt ab.
Und dass man ihn nicht hören will
beschäftigt ihn die Nacht noch viel.
Er geht und grüßt nur knapp.

Es war einmal ein Land

Es war einmal ein Land, dessen Volk von allen anderen Völkern bewundert und beneidet wurde. Denn dort ging es allen Menschen gut. Alle hatten genug zu essen und zu trinken, lebten in sicheren festen Häusern, waren gebildet und verhielten sich freundlich und herzlich untereinander und Fremden gegenüber. Ihre Ordnungen und Gesetze beschlossen sie gemeinsam und erzogen ihre Kinder liebevoll zu freien und selbstbewussten Menschen. Eine lange Zeit hielt dieses Glück an und das Land galt mehr und mehr als Vorbild für alle anderen. Deren Vertreter kamen, um zu lernen, wie solches Glück und solcher Wohlstand auch bei ihnen zu Hause zum Erblühen gebracht werden könnten. Sogar Forscher bereisten das Land und schrieben alles auf, was sie hörten und sahen. Zu Hause verfassten sie dicke kluge Bücher, die immer mehr Menschen veranlassten, das Land zu besuchen oder gar dorthin auszuwandern.

All dieser Rummel, diese Bewunderung und Ehrerbietung erfreuten die Menschen in dem Land. Sie wurden von Mal zu Mal stolzer darauf, ein Mitglied dieses Volkes zu sein. Und je stolzer sie wurden, umso stärker wurde ihre Überzeugung, etwas Besonderes zu sein, besser und wertvoller als alle anderen Menschen in den umliegenden Ländern. Ja, sie gingen sogar so weit, dass sie überzeugt waren, nur sie allein wüssten, was richtig war oder falsch, gut oder böse, welche Religion die einzig wahre sei und welche Hautfarbe einen Menschen wertvoller und wichtiger sein ließ als andere. Und sie begannen, andere Völker zu belehren und zu bevormunden. Alle sollten richtig leben und handeln. Richtig hieß aber, so wie sie.

So verwandelte sich das Glück des Volkes allmählich in Hochmut, die Freiheit in den Zwang, einem Ideal zu entsprechen. Die Kinder wurden geliebt, bewacht und behütet wie wertvollstes Eigentum. Die Eltern taten alles für sie, damit sie nie irgendeinen Mangel erlitten.

Damit verstärkten sie die Vorstellung, auserwählt und besonders zu sein in höchstem Maße und die Freiheit und das Glück der Kinder verwandelten sich in Maßlosigkeit und Überheblichkeit. Es war, als hätten die Menschen in diesem Land den Boden unter den Füßen verloren. Ihnen war die Fähigkeit abhandengekommen, sich wiederzufinden in der Ordnung der Natur, sich einzuordnen in das Miteinander aller Lebewesen im Kreislauf der Jahreszeiten und in der Nutzung der natürlichen Ressourcen. Sie wähnten sich allwissend und allmächtig und hatten bei allen Handlungen nur noch den eigenen kurzfristigen Vorteil im Blick. Sie beuteten die Schätze der Böden und der Meere aus, um sie für ein bequemeres Leben zu nutzen oder sich durch den Verkauf der Bodenschätze die Taschen zu füllen. Manche Ökosysteme kamen dadurch aus dem Gleichgewicht und brachen zusammen. Dann wurde eine Untersuchungskommission gebildet, der Schuldige ausfindig gemacht und bestraft. Und alles ging weiter wie bisher. Lehren und Konsequenzen wurden fein säuberlich in Schubladen verpackt, die mit der Aufschrift „wichtig!" fest verschlossen und verplombt wurden. Keiner sollte merken, was und vor allem, dass überhaupt etwas nicht mehr so gut lief in diesem Land.

Alte Leute, die Verantwortung, Rücksicht und Hilfsbereitschaft anmahnten, wurden als unmodern, hinter der Zeit zurückgeblieben oder gar als einfältig, und geistig eingeschränkt bezeichnet; es wurden ihnen Medikamente verabreicht, die sie ruhig und müde machten.

Die Besucher wurden nun nach einem ausgeklügelten System ausgesucht. Die neugierigen und kritischen wurden, wenn überhaupt zugelassen, daran gehindert, Fragen zu stellen. Nach außen hin sollte alles schön aussehen, in Ordnung sein. Etwaige Zweifel wurden mit einem ausgiebigen Besucherprogramm im Keim erstickt. Mehr und mehr Aufwand wurde betrieben, um auch das Volk des Landes weiterhin in der Überzeugung zu belassen, dass sie als die besseren Menschen in einem Land lebten, in dem Milch und Honig flossen.

Viele Jahre vergingen und das Land war noch immer eines der mächtigsten und einflussreichsten der ganzen Welt. Nichts schien unmöglich zu sein, jeder konnte alles erreichen. Das Glück der Menschen äußerte sich darin, unzählige Besitztümer anzuhäufen: Häuser, Autos, Ländereien, Kunstgegenstände... Natürlich mussten all diese Dinge gepflegt und verwaltet werden. Das erforderte viel Zeit, Zeit, die die Menschen nun nicht mehr für ihre eigenen Familien, ihre Freunde und letztendlich für sich selbst hatten. Das gewöhnte man sich schlichtweg ab, hatte man doch alles erreicht, wenn man sich alles kaufen konnte. Das Glück lag sozusagen mit dem Geld im Tresor. Man machte sich auch daran, körperliche Arbeiten abzuschaffen. Keiner sollte ein mühevolles Leben haben. Dafür erfand man Maschinen, die die Arbeit erledigten. So hatten alle mehr Zeit, sich zu entspannen oder ihr Geld auszugeben.

Aber irgendwie... irgendwie war etwas anders geworden.

Nicht plötzlich, sondern ganz allmählich. Nahezu unmerklich hatte sich etwas verändert. Die Menschen konnten sich selbst immer weniger spüren. Sie sagten, sie wären glücklich. Aber sie konnten das Glück nicht mehr spüren, weil sie alles taten, um nie unglücklich zu sein. Sie sagten, es ginge ihnen gut. Aber sie spürten nicht mehr, was gut für sie war, denn sie taten alles, damit es ihnen niemals schlecht ging. Sie sagten, alles fiele ihnen leicht. Aber sie spürten die Leichtigkeit nicht mehr, denn sie taten alles dafür, dass ihnen nichts mehr schwerfiel. Sie sagten, sie wären reich. Aber sie spürten weder ihren inneren, noch ihren äußeren Reichtum, denn sie taten alles, damit sie nie einen Mangel erlebten. Sie sagten, dass sie sich liebten. Aber sie spürten die Liebe nicht mehr, denn sie taten alles, um negative Gefühle aus ihrem Leben zu verbannen.

Obwohl die Menschen dieses Landes alles hatten, was man sich nur wünschen konnte, waren sie doch nie zufrieden. Ja, es schien sogar, dass die Unzufriedenheit größer wurde, je mehr Wünsche sie sich erfüllen konnten.

Irgendwann aber passierte es, dass sich der Himmel öffnete. Er öffnete sich so weit, dass alles Wasser aus den Wolken auf die Erde floss. Die Flüsse schwollen mehr und mehr an und traten über ihre Ufer und auch das Meer erhob sich über das Land, so dass die angehäuften Reichtümer mitgerissen wurden und dahinschwammen. Die Menschen des Landes aber klammerten sich an ihr schwimmendes Hab und Gut und wurden weit fortgetragen, weit fort von ihrem Land, dem Land, in dem Milch und Honig geflossen war. Und sie konnten nie wieder zurück, denn dieses Land war den Fluten anheimgefallen, war zerstört worden und untergegangen. Jedoch die Menschen des Königreiches überlebten. Irgendwann wurden sie an ein Ufer gespült, das ihnen völlig fremd war. Das Land konnten sie aber nur erreichen, indem sie das, woran sie sich noch geklammert hatten, losließen.

Hier war alles anders, als sie es bisher gewohnt waren. Es gab keine Häuser und Straßen, keine Autos, keine Kunstgegenstände und sonstige Dinge, die sie bisher für wichtig und wertvoll hielten. Es gab nichts als Natur. Zunächst war die Not groß und alle jammerten, weinten ihren verlorenen Schätzen hinterher und waren zutiefst unglücklich, einer mehr als der andere. Die jüngeren unter ihnen, die nichts anderes erfahren hatten als den käuflichen Reichtum ihrer Eltern waren besonders betroffen, denn sie waren überzeugt davon, in dieser Wildnis elendig verhungern und verdursten zu müssen. Nirgendwo gab es etwas zu kaufen. So waren sie überzeugt davon, kaum aus den Fluten gerettet, nun dem Untergang geweiht zu sein. Ihr Heulen und ihr Klagen wurden immer lauter.

Die Älteren unter ihnen konnten das nicht länger aushalten und überlegten jeder für sich, wie sie die Situation ändern könnten, fanden aber keine Lösung. Manche erinnerte die Natur ringsherum dunkel an ihre Kindertage, an Spielen und Lachen und Glücklichsein. Vorsichtig tauschten sie die Erinnerungen aus. Zum ersten Mal seit ach so vielen Jahren redeten sie wieder miteinander, stellten fest, dass sie etwas Gemeinsames hatten und beschlossen, nun die ältesten der Überlebenden nach deren Erinnerungen und Erfahrungen zu fragen. Sie versammelten sich auf einer Waldlichtung. Es wurde ein langer Abend. Neugierig kamen immer mehr Junge dazu und lauschten den Erzählungen, bis sie verstanden. Sie verstanden, dass es kein Unglück war, hier gestrandet zu sein, sondern Fügung, die Chance, ein ganz neues Leben aufzubauen, gemeinsam mit allen anderen. Da man nichts kaufen konnte, weil niemandem etwas gehörte, gehörte nun allen alles: die Luft zum Atmen, das Wasser zum Trinken, die Früchte der Natur zum Essen, das Holz der Bäume, um sich eine Unterkunft zu bauen. Keiner hatte auch nur einen winzigen Teil seines materiellen Reichtums retten können. Aber jeder brachte seine ganz eigenen Gaben ein.

Manche hatten besonders viele und brauchbare Ideen, andere hatten geschickte Hände und wieder andere hatten Sinn für Schönheit und Ästhetik. Allen aber gemeinsam war, dass sie abends müde und erfüllt vom Tag waren, dass sie sich darüber unterhielten, wie schön dieses neue Land war, in dem sie nun lebten und dass es ein Glück gewesen war, hierher gespült worden zu sein. Keiner sprach mehr von den früheren Reichtümern, denn nun erfuhren sie jeden Tag, was wirklicher Reichtum bedeutete: mit der Natur zu leben, mit anderen zusammen und für sie da zu sein, bei den anderen und vor allem auch bei sich selbst zu spüren: Liebe und Freude, Dankbarkeit, Trauer und Vertrautheit.
Hätte man sie gefragt, sie hätten sich als sehr glückliche Menschen bezeichnet.

Schade, dass dies nur ein Märchen ist.

Im Moor

Nebel legt sich auf die Wiese,
Tag hüllt sich darinnen ein,
wird auf eine Art wie diese
schnell der Nacht gewichen sein.

Feuchte Schleier sich bewegen,
geben Nachtgespenster frei,
die geheimnisvoll sich regen,
lautlos tanzen in der Reih'.

Dichter, höher zieh'n die Schleier,
hüllen Busch und Bäume ein.
Ein gespenstisch kaltes Feuer
ist's im fahlen Mondenschein.

Und aus schwarzen Moorestiefen
schemenhaft Gestalten steigen,
die sich einst im Moor verliefen,
treffen sich zum Schauerreigen.

Mir wird kalt bei dem Gedanken.
Eine Hand, sie greift nach mir.
Der Weg vor mir gerät ins Wanken.
Ein lauter Schrei – von einem Tier? –

begleitet meinen Fall ins Nichts...
Stummes Grauen, Angst und Schrecken!
Ein letzter Schein des Mondeslichts,
bevor die Wasser an mir lecken.

Höre noch die Geister lachen.
Kalt erstarrt in meiner Pein,
unter mir des Moores Rachen,
sink' ich immer tiefer ein.

Seh' mein Schicksal schon besiegelt,
will mich schon darein ergeben...

Im Fenster sich der Mond leis' spiegelt,
sagt: hallo, du bist am Leben!

In der Heide

Ich musste wohl eingeschlafen sein. Jedenfalls tat mir sowohl der Rücken, als auch meine Sitzgebeine weh, als ich langsam wieder zu mir kam.

Aber wo war ich?

Ja klar, ich saß auf einer harten hölzernen Bank, die mir meine körperliche Unbehaglichkeit verursacht hatte. Doch das war's dann auch. Es fehlte mir die Erinnerung an die Umgebung, in der ich mich jetzt befand. Aber – welche Umgebung? -

Ich versuchte, irgendetwas zu erkennen.

Es war nahezu stockfinster und der Nebel um mich herum war so dicht, dass auch in nächster Nähe nicht wirklich etwas zu erkennen war. Auf irgendeinem Weg musste ich doch hierher gelangt sein.

Aber die Bank schien im Nichts zu stehen. Mein Sichtkreis hatte einen Radius von weniger als einem halben Meter! War mir buchstäblich der Himmel auf den Kopf gefallen?

Ich fröstelte.

Zum einen sicher deshalb, weil meine dünne Jacke für den Aufenthalt in einer Nebelwolke nicht geeignet war und zum andern auch, weil mir die Situation schon etwas seltsam vorkam.

Hatte ich Angst?

Keine Ahnung, wie ich das in mir aufsteigende Gefühl beschreiben sollte.

Ich versuchte erneut, mein Erinnerungsvermögen zu bemühen.

Einfach losgelaufen war ich am hellen Nachmittag, hatte kein festes Ziel gehabt, sondern mich ganz der Freude an der Natur und an der Bewegung hingegeben.

Noch stand die Heide in voller Blüte und strahlte im Sonnenschein in einem Violett, das mir fast die Sinne raubte. Wie bildbearbeitet, postkartenkitschig – aber real!

Immer weiter war ich gelaufen. Hatte im Rausch der Farben immer neue Motive entdeckt und fotografiert und das besondere Licht der Abendsonne miteinbezogen, bis auch die längste Belichtungszeit nicht mehr ausreichte.

Die Bank stand auf einmal zur richtigen Zeit an der richtigen Stelle.

Müde vom stundenlangen Wandern, aber glücklich über die Ausbeute an Bildern, wollte ich einen Moment ausruhen, um mich dann auf den Rückweg zu meinem kleinen Ferienappartement zu machen, das ich erst gestern Abend bezogen hatte.

Doch jetzt war keine Orientierung möglich. Alles erschien so unwirklich! Dabei war ich doch nur schlicht und ergreifend in der Lüneburger Heide! Oder?

Ich fasste die Bank an. Ja, sie war real, hart und unbequem. Ich stellte fest, dass die Kameratasche quer über meiner Schulter hing und ja – große Erleichterung! - die Kamera war ordnungsgemäß darin verstaut.

Alles fühlte sich feucht an. Ein erneuter Schauer lief mir über den Rücken. Mit klammen Fingern zog ich den Reißverschluss der Jacke hoch. Mein feuchtes T-Shirt klebte jetzt auf der Haut. Eklig!

Irgendetwas musste ich unternehmen.

Eine Nacht auf einer feuchten kalten Bank in feuchten kalten Klamotten kam mir nicht wirklich reizvoll vor.

Angestrengt schaute ich in das dunkle Nichts. Ich spürte
förmlich, wie meine Augen immer größer wurden. Die Pupil-
len öffneten sich bis an die Grenzen ihrer Möglichkeiten, um
irgendetwas auszumachen, was meiner Orientierung dienen
konnte.

Vergeblich.

Ein leichter Windhauch veranlasste die Wolke, in der ich
mich befand, sich zu bewegen. Dicke, dichte Nebelschwa-
den wurden erkennbar.

Mit den Füßen tastend, die Hände nach vorne gestreckt und
mit gefühlt tellergroßen Augen suchte ich nach einem gang-
baren Pfad. Die Richtung war mir dabei ziemlich egal. Nur
raus aus dieser Wolke, weg von dem Himmel, der mir auf
den Kopf gefallen war.

Auch meine Ohren schienen zu wachsen bei dem Versuch,
irgendein bekanntes Geräusch wahrzunehmen. Aber ich
hörte nur mich selber.

Noch nie war mir so bewusst gewesen, wie laut es in mir war,
wie mein Atem ging, wie das Blut rauschte, wie der Herz-
schlag dröhnte...

Das Dröhnen wurde lauter und lauter und schwoll zu einem
Grollen und Poltern an!

Das war nicht mein Herzschlag.

Das war …

Mit ohrenbetäubendem Getöse donnerte etwas an mir vorbei, so dicht, dass ich beim Schritt zurück wieder auf der Bank zu sitzen kam.

Die Erde bebte.

Mir stockte der Atem, mein Herz setzte aus, ein starker Windstoß blies mir die Haare ins Gesicht und zerrte an meiner Jacke!

Was war das eben?

Ganz deutlich war noch das Trampeln von Pferdehufen zu auszumachen. Viele Pferdehufe! Und ein Wagen! meldete mein Hörsinn, vielleicht eine Kutsche.

Viele Pferde und eine Kutsche – na sicher! spottete mein Verstand. Und das mitten in der Nacht in einer Wolke aus Nebel! - So ein Schwachsinn!

Aber was sonst konnte es gewesen sein?

Eine Täuschung meiner überreizten Sinne?

Eine Fehlleistung des Gehirns, ausgelöst durch Wasser- und Kohlenhydratmangel? Immerhin hatte ich seit vielen Stunden nichts mehr getrunken und gegessen.

Die Geräusche entfernten sich rasch immer weiter. Und ich war mir sicher, ein Wiehern gehört zu haben, bevor es wieder ganz still wurde.

Ich beschloss, meinen Sinnen zu vertrauen. Wenn hier wirklich eine Pferdekutsche vorbeigedonnert war, dann musste es doch auch einen befahrbaren Weg geben, hier, ganz dicht bei der Bank. Doch so viel ich mich auch tastend in die Richtung bewegte, in der die vermeintliche Pferdekutsche sich entfernt hatte, ich stolperte nur hin und her, ohne einen Weg zu finden.

Schwer lag der Nebel auf der Erde. Ein seltsamer blasser Glanz bildete sich darüber am Himmel und machte die

Szenerie noch unwirklicher. Seltsame Gestalten kamen nun auf mich zu, umtanzten mich, wollten mich an den Händen fassen, fuhren mir ins Haar und in die Jacke – kalt und feucht. Und mit der Kälte kam das Zittern. Ein Schauer jagte den anderen. Ich konnte das Zähneklappern nicht verhindern, wollte mich bewegen, Schritte machen, einen vor den anderen...

Es ging nichts.

Ich war im Nebel erstarrt, von Gespenstern umgeben.

Von irgendwoher vernahm ich den Schrei eines Käuzchens.

Und da war es erneut, das dumpfe Dröhnen aus der Ferne, das mehr und mehr anschwoll und rasch näherkam! Wieder war ganz deutlich der Hufschlag von Pferden, von vielen Pferden zu hören. Immer lauter dröhnte es. Und diesmal kam das Getöse direkt auf mich zu!

Ich war wie erstarrt, unfähig, auch nur irgendeine Bewegung zu machen.

„Wirf dich auf die Seite!", schrie mein Gehirn. „Jetzt!"

Zu spät.

Etwas Riesiges tauchte aus dem Nebel auf, wollte mich überrollen!

Plötzlich fühlte ich mich von kalten Geisterhänden gepackt!

Recht unsanft landete ich auf einem harten Untergrund. Die Kutsche!

Ich lag auf dem Boden einer Kutsche, die in rasender Geschwindigkeit über Stock und Stein polterte. Rücksichtslos wurde ich durchgeschüttelt und hin und her geworfen.

Da! - Ein lautes Wiehern und noch schneller ging die wilde Fahrt mitten hinein in die schwarzgraue Nebelnacht. Ungebremst ging es einen Hügel hinauf.

Und dann …

hörte das Poltern und Dröhnen und auch das schmerzenverursachende Geschüttel plötzlich auf. Das Wiehern der Pferde war unbeschreiblich und ging durch Mark und Bein.

Nie hatte ich solche Töne aus dem Hals eines Pferdes vernommen. Und dann hörte ich nur noch ein Rauschen wie von Riesenschwingen.

Mir fielen Geschichten von fliegenden Pferden aus irgendwelchen Fantasy-Romanen ein.

Offensichtlich war bei mir nun vollends alles aus der Bahn geraten. Meine Sinne spielten vollkommen verrückt!

Das war zu viel, nicht mehr begreifbar für mich.

Ich sah noch eine Frauengestalt mit freundlichem Gesicht und wehenden Haaren.

Dann legte sich eine große, schwere, schwarze Decke über mich...

Die Bank war wirklich äußerst unbequem.

Ich reckte und streckte mich. Dennoch hatte die Pause gutgetan.

Die Abendluft war erfrischend kühl.

Ich machte mich auf den Rückweg zu meinem kleinen Ferienappartement. Es würde stockfinster sein, wenn ich dort ankam. Und ich freute mich schon auf die große Tasse Tee, die ich mir dann machen würde.

Es war ein schöner Tag gewesen.

Komisch waren nur die frischen Spuren eines Kutschwagens und der von Pferdehufen völlig aufgewühlte Sandweg, auf dem ich entlang ging...

Vollmond

Hörst du, wie sie rufen, die Wölfe?
Sie begleiten die Fee, die Elfe
mit dem Gesang
auf ihrem Gang
sicher durchs Moor.

Sind sie im Ohr,
die Stimmen?
Sie schwimmen
durch Nebel und Nacht,
aus Klang gemacht,
der klirrend und sirrend
die Sinne verwirrend
Unwirklichkeit wahr werden lässt.

Geheimes Fest
der Tiere und Feen
an moorigen Seen,
tiefschwarz und hell.
Die Wolken zieh'n schnell,
vom Mond getrieben,
verjagt und geblieben,
Kulisse für Wölfe und Feen.

Und hast du's geseh'n?
Und hast du's vernommen?
Geisterhaft kommen
Märchenfiguren heran,
beginnen sodann

tanzend zu schweben,
als wär'n sie am Leben.
Verschwinden verschwimmend
in mondhell schimmernder Nacht.

Und bist du erwacht
nach einem einzigen Wimpernschlag,
ist es schon Tag.

Zwischenfall im All

Ich ging wie oft quer durch das All,
da gab es einen lauten Knall!
Kometen schossen hin und her,
hatten keine Richtung mehr.

Neben mir die Galaxie
kreiste so schnell wie noch nie.
Ja, sogar der Sternenhaufen
fing auf einmal an zu laufen.

Selbst Saturn, sonst cooler Dinge,
zeigte plötzlich noch mehr Ringe.
Alle Sterne heftig bebten,
weil sie dieses miterlebten.

Nur die Sonne blieb am Ort,
dreht' sich angewidert fort.
Hatt' es schon vorausgesehen,
dass dieses würde einst geschehen.

Neptun, Jupiter und Mars
schrien laut; "Die war's! Die war's!"
Und ganz voraus der Uranus
meldete: "Und jetzt ist Schluss!"

Ich drehte mich zur Erde hin.
Der Knall machte auf einmal Sinn:
Nach viereinhalb Milliarden Jahren
ist sie aus der Haut gefahren.

Milton Keynes UK
Ingram Content Group UK Ltd.
UKHW031055291124
451807UK00006B/462

9 783769 312249